І даўней так пелі. А маладзёж после ўжо не стала пець. Эта і кончылась. Как кончыліся старыі, так і ўсё.

Грыгор'ева Зоя Мікалаеўна, 1934–2020 гг., стараверка з в. Германавічы Шаркаўшчынскага раёна

У меня столька радасці! <...> Хоць астанецца мая какая-та памяць, еслі дзецям не нада, то хаця бы кто-та што-та хаця бы вспомніт…

Лаўрэнава Кірыякія Канстанцінаўна, 1933–2023 гг., стараверка з г. Браслава

І даўней так пелі

Музычны фальклор старавераў
паўночна-заходняй Беларусі

Здымак на вокладцы:
Сям'я Фёдаравых, в. Тулава Шаркаўшчынскага р-на, 1951 г.
Фота з сямейнага архіва В. Барышнікавай

Тэхнічная падтрымка выдання:

Аўдыязапісы песень зборніка размешчаны на вэб-старонцы
ethnoby.org/staraviery/piesni

І даўней так пелі : музычны фальклор стараверў паўночна-заходняй Беларусі / аўт.-укл. В. Барышнікава. Выд. 2-е, дапоўненае. — Лондан : Skaryna Press, 2025. — 104 с.

Укладанне, нотныя і тэкставыя транскрыпцыі *Вольга Барышнікава*
Камп'ютарны набор нотных транскрыпцый *Лізавета Лобан*
Дызайн і вёрстка *Яўген Барышнікаў*
Пераклад на англійскую *Ігар Іваноў*

ISBN 978-1-915601-67-4

© Volha Baryshnikava, 2024, 2025

Змест

Ад аўтара ... 7

Музычны фальклор старавераў ... **9**
    Скарачэнні ... 10
    Геаграфічнае паходжанне запісаў песень ... 12
    Умоўныя абазначэнні ... 13

Валачобныя песні ... **15**
1. Хрістос васкрес, Сын(ы) Божыйі ... 18
2. Хазяян наш, баярін наш ... 20
3. Ідзём(ы), брядзём вдоль вуліцы ... 22
4. Ідзём, братцы, вдоль вуліцы ... 23
5. Ідзём, брацы, вдоль вуліцы ... 24

Крутухі, карагоды, пахадушкі... ... **27**
6. Вот мы сейілі, мы сейілі лянок ... 40
7. О, мы сеілі, мы сеілі лянок ... 41
8. Вот мы просу сейілі ... 42
9. А мы просу сейілі ... 43
10. Ходзіт, едзіт(ы) Фалімон(ы) ... 44
11. Едзіт(ы), ходзіт(ы) Фалімон ... 45
12. Запляціся, пляцень ... 46
13. Вутка йшла ... 47
14. Йішла вутка ... 48
15. Зарадзілася Дуняша ... 50
16. Урадзілася Дуняша ... 52
17. Нарэдалася й Дуняша ... 53
18. [Сля]ды мае, сляды ... 54
19. Я ў маменькі жыла ... 55
20. Ні будзіці маладую ... 56
21. Не будзіце маладу ... 57
22. Ні будзіце маладу ... 58
23. Ні будзіці маладу ... 59
24. Ні будзіці мыладую ... 60
25. Во лузях(ы) ... 62
26. Ва лузях(э) ... 63
27. Заінька серый ... 64
28. Заінька серый ... 65
29. Заінька серай ... 66
30. Дзе ш ты была, Кацінька? ... 68
31. Между саду-вінаграду ... 69
32. Воддаль сада-вінаграда ... 70
33. На гарэ Ваня стаіт ... 71
34. Ой, каваль мой, кавалёчак ... 72
35. Пры ўдаліны куст малінавый стаял ... 73
36. Міленькій, маленькій ... 74
37. Заінька па сенюшкам хадзіл ... 76
38. Насця мыла фартух ... 77
39. Са в'юном(ы) я йіду ... 78
40. Ішол Ваня дэліною ... 79

Лірычныя песні ... **81**
41. Серые гусі майі ... 84
42. Не садзісь, пташка, на ветку ... 85
43. [Ч]удный месец плывёт над рекою ... 86
44. [Кагд]а я мальчыкам(ы) радзіл(ы)ся ... 88
45. [Как] я была мала-мала ... 90

RU Музыкальный фольклор староверов ... **92**
    Волочёбные песни (№№1–5) ... 93
    Крутухи, хороводы, похадушки...
    (№№ 6–40) ... 95
    Лирические песни (№№ 41–45) ... 96

EN Old Believers' Musical Folklore ... **98**
    Calendar Songs (1–5) ... 99
    Song and Dance Traditions (6–40) ... 100
    Lyric songs (41–45) ... 102

Фота 1. Дзяменцьеў Пётр Ермалаевіч (1951 г. н.), духоўны настаўнік Кублішчынскай Свята-Троіцкай, Ніўніцкай і Друйскай Свята-Успенскіх стараверскіх абшчын. Фота А. У. Смыка, 2021 г.

Фота 2. Андрэеў Дзмітрый Пятровіч (1979 г. н.), духоўны настаўнік Германавіцкай і Шаркаўшчынскай Свята-Успенскіх стараверскіх абшчын. Фота А. У. Смыка, 2021 г.

Ад аўтара

Хочацца выказаць сардэчную ўдзячнасць людзям, спрыяннем якіх гэтае выданне пабачыла свет: Уладзіміру Яўгенавічу Аўсейчыку, Таццяне Леанідаўне Бярковіч, Тамары Барысаўне Варфаламеевай, Таццяне Васільеўне Валодзінай, Настассі Ігараўне Даніловіч, Міколу Аляксеевічу Козенку, Сяргею Міхайлавічу Лісіцы, Надзеі Афанасьеўне Марозавай, Рыгору Леанідавічу Шарыпкіну, Аляксею Уладзіміравічу Смыку.

Асобная падзяка Дзяменцьеву Пятру Ермалаевічу, Андрэевым Дзмітрыю Пятровічу і Марыне Альбертаўне за духоўную падтрымку і дапамогу ў пошуку матэрыялаў.

Другое выданне кнігі пабачыла свет дзякуючы Дзмітрыю Сабалеўскаму, а таксама Томасу Антропікасу, Сяргею Башлыкевічу, Карыне Богдан, Я. Валатоўскай, Іляшу Віньскаму, Спадарыні Вішнявецкай, Вользе Дземка, Міхалу Глушкоўскаму, Яўгену Зенько, Максіму Макарцаву, Ірыне Мышкавец, Рыгору Паташэнка, Настассі Р., В. С., Аляксею Сіўцу, Святлане Чакушка, Марыне Шмідлін-Пінчуковай, Ніне Шыдлоўскай, Яне Шчарбінай, Вячаславу Шпілеўскаму, Ганне Яленскай, Аляксандру Ясінскаму, і іншым мецэнатам.

Нізкі паклон усім спевакам-стараверам паўночна-заходняй Віцебшчыны, якія ў песнях збераглі памяць пра сваіх продкаў!

Вольга Барышнікава

*Светлай памяці майго дарагога дзядулі Васіля Ананьевіча
і ўсіх старавераў з роду Фёдаравых прысвячаецца*

Музычны фальклор старавераў

Выданне «І даўней так пелі: музычны фальклор старавераў паўночна-заходняй Беларусі» з'явілася на свет як памяць пра вясковых спевакоў-старавераў заходняга Падзвіння[1], якія пранеслі скрозь стагоддзі сваю багатую культурную спадчыну; як памяць пра тыя *даўнейшыя* песні, што бясследна знікаюць разам з адыходам у лепшы свет людзей старэйшага веку.

Стараверы паўночна-заходняй часткі Беларусі – гэта нашчадкі рускіх перасяленцаў, вымушаных бегчы ад пераследванняў за «старую веру» ў выніку царкоўнай рэформы XVII ст. Больш за 300 гадоў побач з беларусамі пражываюць стараверы (стараабраднікі) ці, як называюць іх мясцовыя жыхары, «маскалі».[2]

Закрыты лад жыцця стараверў доўгі час спрыяў захаванню іх культуры ўнутры абшчыны. Аднак сацыяльна-гістарычныя працэсы другой паловы XX ст. не абмінулі і стараверства: стараверы пераязджалі з аддаленых хутароў у вялікія поліканфесійныя вёскі, уступалі ў калгасы, бралі ўдзел у супольных абрадавых практыках каляндарна-земляробчага цыкла, сумесных танцавальных вечарынах, днёўках[3], і, самае істотнае: стараверы пачалі ўступаць у змяшаныя шлюбы. Усё гэта натуральным чынам спрыяла культурнаму ўзаемаабмену

---

[1] Тэрыторыя заходняга Падзвіння ахоплівае сучасныя адміністрацыйна-тэрытарыяльныя межы Браслаўскага, Глыбоцкага, Мёрскага, Пастаўскага, Шаркаўшчынскага раёнаў Віцебскай вобласці і з'яўляецца месцам кампактнага пражывання стараверў-беспапоўцаў.

[2] Аўсейчык, У. Вобраз стараверў у фальклорнай традыцыі беларусаў Падзвіння (па матэрыялах XIX – пачатку XXI ст.) / У. Аўсейчык // Беларускі фальклор : матэрыялы і даследаванні : зб. навук. пр. – Мінск : Беларус. навука, 2022. – Вып. 9. — С. 83.

[3] Днёўкі — святочныя гулянні моладзі, прымеркаваныя да прастольных святаў. Многія інфарманты звязваюць назву «днёўка» з танцамі, якія адбываліся менавіта ўдзень, а не ўвечары, як было звычайна заведзена.

паміж стараверамі і аўтахтонным беларускім насельніцтвам, а таксама паўплывала на этнамузычную традыцыю стараверaў, якая на сёння з'яўляецца адметным лакальным феноменам, што злучае ў сабе карэннае і запазычанае.

У параўнанні з аналагічнымі даследаваннямі ў краінах Балтыі і Польшчы мэтанакіраванае вывучэнне музычнага фальклору стараверaў паўночна-заходняй Беларусі было распачата адносна позна. Экспедыцыйна-палявая дзейнасць аўтара дадзенага даследавання ў 2018–2022 гг. выявіла практычную адсутнасць спявачак, якія могуць узнавіць тэксты песень або паказаць харэаграфічныя элементы. У памяці стараверaў засталіся пераважна згадкі пра колішнія песні, абставіны іх выканання, сезонную прымеркаванасць і інш. Таму падрыхтоўка выдання патрабавала пошуку аўдыяфіксацый музычнага фальклору стараверaў у архівах Беларусі, Літвы, Латвіі. У выніку ў зборнік увайшлі экспедыцыйныя матэрыялы шматлікіх даследчыкаў: У. Я. Аўсейчыка, В. В. Барышнікавай, Т. Б. Варфаламеевай, Т. Л. Канстанцінавай, М. А. Козенкі, І. Д. Назінай, Ю. А. Новікава, В. М. Прыбыловай, Л. М. Салавей, В. М. Чэкманаса, В. І. Ялатава, якія знаходзяцца ў дзяржаўных (АІМЭФ НАНБ, ФЭ БДАМ, ДАЦГ ІЛМ) і прыватных (асабістыя архівы В. В. Барышнікавай, Т. Б. Варфаламеевай, М. А. Козенкі, У. П. Круміна) архівах. Геаграфічнае паходжанне запісаў, прадстаўленых у зборніку, адлюстравана на Карце 1.

Зборнік «І даўней так пелі: музычны фальклор стараверaў паўночна-заходняй Беларусі» змяшчае прыклады каляндарна-абрадавага, умоўна-прымеркаванага і непрымеркаванага песеннага фальклору. У выданні прадстаўлены 45 нотных і тэкставых транскрыпцый, архіўныя і экспедыцыйныя фотаздымкі. Аўдыязапісы песень зборніка размешчаны на вэб-старонцы **ethnoby.org/staraviery/piesni**.

Скарачэнні

АІМЭФ НАНБ — Архіў Інстытута мастацтва, этнаграфіі і фальклору Нацыянальнай акадэміі навук Беларусі, Мінск.

ДАЦГ ІЛМ — Дыялектны архіў цэнтра геалінгвістыкі Інстытута літоўскай мовы, Вільня.

ФЭ БДАМ — Фонаархіў этнамузыкі Беларускай дзяржаўнай акадэміі музыкі, Мінск.

Фота 3. Стараверкі в. Астаноўкі Шаркаўшчынскага раёна. 1950-я гг. Фота з архіва Більдзюжскай сельскай бібліятэкі Шаркаўшчынскага раёна.

Геаграфічнае паходжанне запісаў песень

1. в. Мяжаны Браслаўскага раёна — № 41;
2. г. Браслаў — № 2, 20, 26, 42;
3. в. Ніўнікі Мёрскага раёна — № 43-45;
4. в. Вялікая Кавалеўшчына Мёрскага раёна — № 17;
5. в. П'еўцы Браслаўскага раёна — № 5, 12, 13;
6. в. Наўгароды — № 18;
7. в. Каўшэлева Шаркаўшчынскага раёна — № 23, 25, 29, 31, 33-38;
8. в. Германавічы Шаркаўшчынскага раёна — № 27;
9. в. Каралева Шаркаўшчынскага раёна — № 19, 28;
10. в. Залессе Глыбоцкага раёна — № 4, 9, 15;
11. в. Апідамы Пастаўскага раёна — № 3;
12. в. Кукляны Пастаўскага раёна — № 1, 6, 8, 11, 21, 22;
13. г. п. Лынтупы Пастаўскага раёна — № 7, 10, 14, 24, 30, 32, 39, 40.

Умоўныя абазначэнні

Нотныя транскрыпцыі

У нотных транскрыпцыях ключавыя знакі выстаўлены ў тым парадку, у якім яны сустракаюцца ў мелодыі і на ўзроўні яе дыяпазону.

↕ Паніжэнне або павышэнне гуку менш чым на паўтону

⌢ ⌣ Нязначнае зацягванне ці скарачэнне гука

↘ ↗ Глісанда (сыходнае ці ўзыходнае)

♪⤫ Прыблізная вышыня гуку

( ) Дадатковыя галосныя пры агаласоўцы зычных

[ ] Гукі, якія спяваюцца на ўдых або не вымаўляюцца

𝄞₈ Рэальнае гучанне мелодыі на актаву ніжэй

| ‖ Заканчэнне музычна-рытмавага перыяду і меластрафы

Тэкставыя транскрыпцыі

У тэкставых транскрыпцыях захаваны лексічныя і фанетычныя асаблівасці мясцовай гаворкі старавераў.

    * Рэфрэн, які паўтараецца пасля кожнага радка

    ×2 Радок паўтараецца двойчы

Фота 4. Гурт валачобнікаў з в. Мацюкова Глыбоцкага р-на, 1990-я гг. Фота з сямейнага архіва А. І. Фядотавай.

Валачобныя песні

№№ 1–5

Каляндарна-абрадавы фальклор у выданні прадстаўлены абходна-віншавальнымі валачобнымі напевамі (№№ 1–5). Нягледзячы на тое, што ўсе песенныя прыклады, за выключэннем № 3, былі запісаны ад жанчын, удзельнікамі валачобных гуртаў былі пераважна мужчыны. Іх называлі «хрыстоснікі» (назва найбольш пашырана ў Мёрска-Шаркаўшчынскім арэале) або «лалоўнікі», «валоўнікі», «валыншчыкі», «валоншчыкі» (дадзеныя найменні часцей сустракаюцца на беларуска-літоўска-латвійскім памежжы).

Святочны абход вёскі гуртом валачобнікаў здзяйсняўся на першы дзень *Паскі*[4]:

«Сабіраліся даўней мужыкі на Паску і пашлі па хатах. Запявала адзін, каторы знаў. Падходзюць к акну і начынаюць запяваць. А ззадзі стаят — арава! А яшчо ззадзі стаіт карзінка і етат дрыстун[5], дзе яйкі сабірал.

І вот сабіраюцца, і паздраўляюць, і "Добры вечар, паненачка", і складна. А ззадзі толькі яны: "Хрыстос воскрэс, Сын Божа!" І ў канцы канцоў: "Дожджык маніць — пара дарыць". Усё бралі: і водку бралі, і яічкі, і хто булку».[6]

Функцыі ўдзельнікаў абходнага гурту адлюстраваны ў тэкстах некаторых валачобных песень:

Пачыналінічку — бутылачку,
Маім брацццам — па пятэчкі.
А дрістуну — адно яйцо.[7]

Для тэрыторыі заходняга Падзвіння ўласціва адначасовае функцыянаванне валачобных напеваў некалькіх тыпалагічных груп. Дадзеная з'ява характэрна і для прыкладаў, запісаных ад старавераў. Аднак у зборніку прадстаўлены напевы аднаго песенна-мелодыйнага тыпу — найбольш распаўсюджанага ў асяроддзі старавераў (тып IV вал., паводле З. Я. Мажэйка[8]). Дадзеныя напевы маюць паэтычную форму AR, музычную форму ab, складовую структуру 4+4, рытмавую форму страфы ♩♩♩♩♩.♩♩♩, рэфрэна — ♩♩♩♩:♩♩♩♩ («Хрістос васкрес, Сын Божыі» (№№ 1, 3, 4) і «Васпойце, братцы, васпойце» (№№ 2, 5)). Мелодыка-інтанацыйны комплекс частцы а меластрафы — пентахорд квінтовага амбітуса (у прыкладзе № 3 з захопам сэксты). Для мелодыі характэрны скачок на кварту з паступовым сыходным запаўненнем да ўстою. Частка b (рэфрэн) у мелодыка-інтанацыйным плане ўяўляе сабой тэтрахорд квартовага амбітуса з субсекундай або субквартай. Для мелодыйнай лініі рэфрэна ўласцівыя скачкі на сэксту або

---

[4] Паска — Вялікдзень.
[5] «Дрыстун», «сярун» — назва ўдзельніка валачобнага гурту, які насіў мех з дарамі ад гаспадароў.
[6] Зап. В. В. Барышнікава ў 2018 г. у в. Каралева Шаркаўшчынскага раёна ад Васіля Ананьевіча Фёдарава, 1944 г. н., старавернага веравызнання. (Асабісты архіў В. В. Барышнікавай).
[7] Зап. Т. Б. Варфаламеева ў 1997 г. у в. П'еўцы Браслаўскага раёна ад Фяцініі Іванаўны Смысловай, 1921 г. н., старавернага веравызнання. (Асабісты архіў Т. Б. Варфаламеевай).
[8] Можэйка, З. Я. Каляндарно-песенная культура Белоруссии: опыт систем.-типол. исслед. — Минск : Наука и техника, 1985. — С. 96.

кварту. Ва ўсіх прыкладах музычная страфа завяршаецца на ІІ ступені, што стварае адчуванне «бясконцага меладычнага кола» (З. Мажэйка) і незавершанасці музычнай формы. Што тычыцца народнай тэрміналогіі, то падчас экспедыцыйнага даследавання Мёрскага раёна беларускімі і латвійскімі этнамузыколагамі[9] было зафіксавана азначэнне дадзенага тыпу як «маскоўскі Хрыстос»[10].

Абапіраючыся на вынікі дыялектычнага аналізу песенна-паэтычных тэкстаў, запісаных ад старавераў беларуска-літоўска-латвійскага памежжа, літоўскі фалькларыст Ю. А. Новікаў прыйшоў да высновы, што валачобныя песні выконваліся стараверамі да эміграцыі. Тлумачыў гэта даследчык тым, што «гістарычнай радзімай старавераў першай хвалі, якія аселі ў Латгаліі, на паўночным усходзе Літвы і паўночным захадзе Беларусі, былі паўднёвыя рэгіёны шырокай зоны пскоўскіх гаворак»[11].

Шляхам картаграфавання валачобных напеваў беларускі этнамузыколаг Т. Л. Канстанцінава акрэсліла распаўсюджанне валачобных напеваў на паўночнабеларускіх і сумежных тэрыторыях (карта 2). Як бачым, напевы тыпу IV фіксуюцца на беларускіх тэрыторыях у месцах пражывання стараве-раў-беспапоўцаў, а таксама ў паўднёвай частцы Пскоўскай вобласці. Цалкам верагодна, што дадзены песенна-меладыйны тып мог эміграваць разам са стараверамі ў заходнія раёны беларускага Падзвіння.

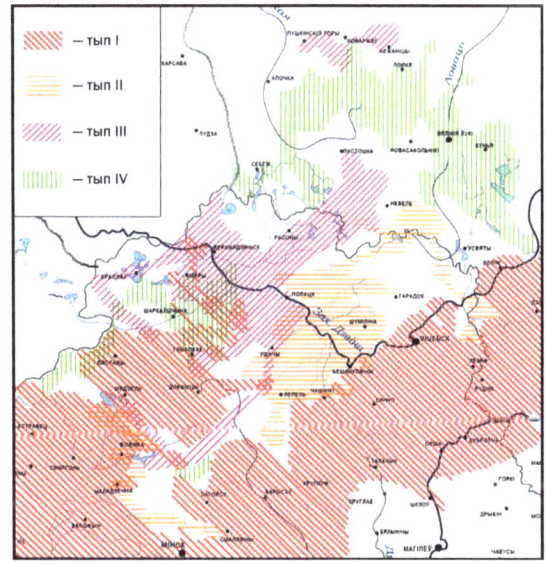

Карта 2. Пашырэнне валачобных напеваў на паўночнабеларускіх і сумежных тэрыторыях[12].

---

[9] Экспедыцыя ў Мёрскі раён у 2009 г. ажыццяўлялася студэнтамі і выкладчыкамі Беларускай дзяржаўнай акадэміі музыкі, Латвійскай акадэміі музыкі імя Язэпа Віталы і супрацоўнікамі НАНБ.

[10] Канстанцінава, Т. Л. З экспедыцыйных назіранняў над сучаснымі песенна-абрадавымі практыкамі каляндарна-земляробчага і сямейна-радавога цыклаў Мёршчыны / Т. Л. Канстанцінава, Т. Л. Бярковіч // Весці Беларускай дзяржаўнай акадэміі музыкі : навук.-тэатр. часопіс. — 2011. — № 18. — С. 6.

[11] Фольклор старообрядцев Литвы : тексты и исследование : в 3 т. Т. 3 : Народные песни. Частушки. Детский фольклор / издание подготовил Юрий Новиков при участии музыкологов Юрия Марченко, Ирены и Николая Захаровых. — Вильнюс : Издательство Вильнюсского педагогического университета, 2010. — С. 444.

[12] Валачобныя музычна-абрадавыя традыцыі беларусаў [Электронны рэсурс] / склад. Т. Канстанцінава. — Мінск : Беларус. дзярж. акадэмія музыкі, 2018. — 2 электрон. апт. дыскі (CD-ROM) : гуч., брашура (с. 17). — (Аўдыяатлас традыцыйнай музычнай культуры Беларусі : вып. 10).

1. Хрістос васкрес, Сын(ы) Божыйі

4. За цем прі-сто-ла-м(ы) сам Бог се-дзіт, Хрі-стос васк-рес, сы-н(ы) Бо-жы-е!

Хрістос васкрес, Сын(ы) Божыйі.
Ішлі, брялі в хазяйскэй двор,
Хазяйскай двор на сем сталбоў.
Хрістос васкрес, Сын(ы) Божые.
Хазяюшка наш, бацюшка,
Аткрой акно ў чыстоя паля,
А том пале прістол стаіт(ы),
За цем прістолам(ы) сам Бог седзіт,
Хрістос васкрес, Сын(ы) Божые.
Кругом(ы) ево все празнічкі
Чахуюцца, рахуюцца,
Катораму впярёт іці.
Впярёт ішла святая нядзелька,
Впярёт ішла, парядак(э) вяла.
Хрістос васкрес, Сын(ы) Божые.
Ягорій-свет(ы) бярёт ключі,
Хрістос васкрес, Сын(ы) Божые.
Бярёт ключі, атмыкайіт(ы) зямлю,

[Ат]мыкаіты зямлю, пускайіт(ы) расу,
Хрістос васкрес, Сын(ы) Божые.
Мікола-свет гарох сейіт(ы),
Правой рукой гарошык(э) бялой,
Хрістос васкрес, Сын(ы) Божые.
Ілья прарок бярёт(ы) сярпок,
Хрістос васкрес, Сын(ы) Божые.
Правой рукой сярпок(ы) залатой,
Хрістос васкрес, Сын(ы) Божые.
Хазяюшка, наш бацюшка,
Аткрой акно, дарі гасцей.
А еты госці нячаста ходзют(ы),
Нячаста ходзют, нямножка просют
Хрістос васкрес, Сын(ы) Божые.
Нямножка просют: капу яец,
Капу яец, кіл(ы)бас канец(ы)
І кварту гарелкі, і сыр на тарелкі,
Хрістос васкрес, Сын(ы) Божые.

Запісаў Ю. А. Новікаў у 2000 г. у в. Кукляны Пастаўскага р-на ад Лідзіі Дзмітрыеўны Чарновай, стараверскага веравызнання. (ДАЦГ ІЛМ, д. № 1695, зап. № 20801).

Фота 5. Хата старавераў Сітнікавых, в. Кукляны Пастаўскага раёна, 1950-я гг. Фота з сямейнага архіва М. К. Фёдаравай.

Фота 6. Сітнікавы Праскоўя Івенцьеўна (1900–1979 гг.) і Феапент Пятровіч (1897–1974 гг.), в. Кукляны Пастаўскага раёна, 1950-я гг. Фота з сямейнага архіва М. К. Фёдаравай.

2. Хазяін наш, баярін наш
(«з гармоней хадзілі на Паску»)

2.Кла - дзі клат-ку, да за-ві в(ы) хат-ку, вас-пой-це, б(ы) рат-цы, вас-по-а(й) - це.

Хазяін наш, баярін наш,
Васпойце, братцы, васпойце.*
Кладзі кладку да заві в(ы) хатку.
Хазяюшка, наша матушка.
Устань з ложку да абуй ножку.
Сыр на тарелку, бутылку гарелкі.

Запісалі У. Я. Аўсейчык, В. В. Барышнікава 26 снежня 2021 г. у г. Браславе ад Кірыакіі Канстанцінаўны Лаўрэнавай (Івановай), 1933 г. н. (нар. у в. Самуйлы Браслаўскага р-на), старавэрскага веравызнання. (Асабісты архіў В. В. Барышнікавай).

Фота 7. Сям'я старавераў Івановых, в. Самуйлы Браслаўскага раёна. Фота з сямейнага архіва К. К. Лаўрэнавай (на фота другая злева), 1950-я гг.

3. Ідзём(ы), брядзём вдоль вуліцы

1. І-дзём(ы), бря-дзём вдоль ву-лі- цы, Хрі-сто- с(ы) васк- рёс, сы - н(ы) Бо-жы е!

Ідзём(ы), брядзём вдоль вуліцы,
Хрістос(ы) васкрёс, Сын(ы) Божые.*
Вдоль уліцы шырокаю,
Шырокаю, далёкаю.
Па чём узнаць хазяйскай двор?
Хазяйіскай двор на сем сталбоў,
На сем сталбоў, на восім(ы) вёрст.
А в том(ы) дваре шацёр(ы) стайіт,
А в том(ы) шатре трі празнічка,
Шахуюцца, рахуюцца,
Каму йіці парадык весці.
Егор(ы) светой каров(ы) пасёт,
Мікола светой гарох сейіт,
Ілья светой рож зажынает,

Рож зажынает правэй рукой,
Правый рукой, златым серпом,
Где рас(ы) резнёт, там пясць кладзёт,
Гдзе пясц(і) кладзёт, там сноп(ы) пляжыт(ы),
Гдзе сноп(ы) ляжыт, там копка стайіт,
Хазяюшка, наш бацюш(ы)ка,
Встречай гасцей, валыншчычкыв,
А эці госці нечаста ходзят,
Нечаста ходзят, нем(ы)нога просят,
Капу яец, кіл(ы)бас канец,
Кварту гарелкі, сыр на тарелкі.
Не хош(ы) даріць — пайдзём(ы) с намі,
Пайдзём с намі людзейі смяшыць,
Людзейі смяшыць, сабак(э) дражніць.

Запісалі Ю. А. Новікаў, В. М. Чэкманас у 2000 г. у в. Апідамы Пастаўскага р-на ад Ганны Дарафееўны Собалевай (Цярэнцьевай), 1935 г. н., Цярэнцьева Восіпа Дарафеевіча, 1938 г. н., стараверскага веравызнання. (ДАЦГ ІЛМ, д. № 1700, зап. № 201703).

4. Ідзём, братцы, вдоль вуліцы
(«хазяйскай Хрістос»)

1. І-дзё-м, брат-цы, вдоль ву-лі-цы, Хріс-то-с(ы) васк-рес, Сын(ы) Бо-жы-я!

Ідзём, братцы, вдоль вуліцы,
Хрістос(ы) васкрес, Сын Божыя!*
Зайдзём, братцы, к таму д(ы)вару,
К таму дв(ы)вару, к хазяйскаму.
Хазяйіскай двор на сем сталбоў,
На сем сталбоў, на сем-сем вёрст.
Кала с(ы)талбоў жылезный тын,
Кала тына шалкова трава.
Шалкова трава, медова раса.
Хазяюшка наш, бацюшка,
Ты спіш, ляжыш, атпачывайіш?
Устань рана, аткрой акно,
Аткрой акно да глянь в акно.
В твайім двары звезда ўпала,
На том(ы) месці цэрква стала,
Ва тойі царквы прэстол стаіт,
За престолым сам Бог седзіт.
Кала Бога трі празнічка:
Первый празнік Егорій свет,
Втарой празнік Мікола свет,
Трецій празнік Ілья прарок.
Егорій свет каров(ы) пасёт,

Мікола свет яр засівайіт,
Яр засівайіт, белый гарошык,
Белый гарошык, ячмень-шэсцярень,
Ячмень-шэсцярень, чорную гречку,
Чорную гречку, авёс далгавоз.
Ілья прарок пашол в поля,
Пашол в поля, жыто жаці,
Жыто жаці, зажынаці.
З белым(ы) сырым, с малым(ы) сыным,
Златым(ы) серпом, правый рукой.
Гдзе раз резнет, там пясць кладзёт.
Гдзе пясць кладзёт, скірды мецёт.
Намёл Ілья на сем(ы) скірдзей.
Шырокія, высокія.
Первыя скірда — на семенкі.
Втарая скірда — на еменкі,
Трецdabei скірда — сыноў жаніць,
Чацвёртыя — дачок дарі ць,
А пятыя — на хрэсбенкі,
А шостая — на сяненкі,
А сёмая — на сяненкі.

Запісалі Т. Л. Канстанцінава, В. М. Прыбылова ў 2012 г. у в. Залессе Глыбоцкага р-на ад Матроны Афанасьеўны Патарочынай (Лашковай), 1927 г. н., стараверскага веравызнання. (ФЭ БДАМ 3Е083).

5. Ідзём, браццы, вдоль вуліцы

1. І -дзём, брат-цы вдоль ву - лі цы, вас-пой-це, брат-цы вас- пой - це!

Ідзём, браццы, вдоль вуліцы,
Васпойце, братцы, васпойце!*
Ідзём(ы), зайдзём(ы) в хазяйіскай двор.
Хазяйскай двор(ы) на сем(ы) забор.
На сем(ы) забор(э), на восем сталбоў.
Да падайдзём(ы) к акошэчку,
Да пасматрім(ы) в акошэчка.
Устань с ложку, абуйі ножку
Да падайдзі к(ы) мывалінічку,
Умойіся, убеліся,
Да падайдзі к акошэчку,
Да паг(э)лядзі в акошэчка,
В тваім дварцу, што дзейіцца,
Што дзейіцца, лялейіцца:
В твайім дварцу полна сватоў,
Эты сваты, купцы с Масквы,
Дарят цібе шубу ліссю,
Шубу ліссю, златое кальцо,
Златое кальцо, шляпу с пяром,
На речке была, бель бяліла,

Бель бяліла, кальцо враніла,
Заплакала, дамойі пашла,
Наўстречу ейі трі молацца,
Трі молацца, рыбалоўца.
Вы, молаццы, рыбалоўцы,
Закініце вы шолкавы нівы,
Дастаньце маё златое кальцо,
Я вам(ы) усем прыслужуся:
Аднаму буду саседачка,
Другому буду братовачка,
А трецему — сама млада,
Сама млада, Марылінька,
Масці кладку, заві ў хатку,
Заві в(ы) хатку, гашчай гасцей,
Эты госці нечастые,
Нічаста ходзют, немнога просют,
В гадок разок, в Хрістов дзянёк,
Пачыналінічку — бутылачку,
Майім браццам — па пятэчкі.
А дрістуну — адно яйцо.

Запісала Т. Б. Варфаламеева ў 1997 г. у в. П'еўцы Браслаўскага раёна ад Фяцініі Іванаўны Смысловай, 1921 г. н., стараверскага веравызнання. (Асабісты архіў Т. Б. Варфаламеевай).

Фота 8. Сядзіба старавераў Родчанкавых у в. Астаноўка Шаркаўшчынскага раёна, 1955 г. Фота з архіва Більдзюжскай сельскай бібілятэкі Шаркаўшчынскага раёна.

Фота 9. Танцы ў в. Каралева Шаркаўшчынкага р-на, 1970-я гг. Фота з сямейнага архіва В. В. Барышнікавай.

Крутухі, карагоды, пахадушкі, круцялі

Прыклады песенна-харэаграфічнай традыцыі
№№ 6–40

Выразнай адметнасцю этнамузычнай культуры старавераў з'яўляецца песенна-харэаграфічная традыцыя (№№ 6–40), прадстаўленая крутухамі, крутушкамі, круцелямі, пахадушкамі і карагодамі. Пытанне жанрава-функцыянальнай прыналежнасці песенна-харэаграфічных прыкладаў выклікае некаторыя цяжкасці, абумоўленыя этнакультурнай сітуацыяй паўночна-заходняй Віцебшчыны, а таксама камбінаванай прыродай з'явы: ахопу як харэаграфічнай, так і вакальнай сферы. Паводле аўтэнтычнай тэрміналогіі, адзін і той жа напеў можа мець розную як жанравую атрыбуцыю, так і сезонна-функцыянальную прымеркаванасць. Варыятыўнасць жанравага азначэння этнафорамі добра ілюструюць каментары выканаўцаў да крутухі «Не будзіце маладую» (№№ 20–24): «крутуха», «крутушка», «круцель», «хараводная». Карагоды «Вот мы сейілі лянок» (№ 6), «Вот мы просу сейілі» (№ 8), «Ходзіт-едзіт Фалімон» (№ 10), па звестках некаторых выканаўцаў, прымеркаваныя да Калядаў, а карагод «Вутка шла па бережку» (№ 13) — да Вялікадня. Разам з тым пры выкананні дадзеных карагодаў іншымі спявачкамі (№№ 7, 9, 11, 14) каментарыяў адносна іх строгай сезоннай прымеркаванасці не адзначалася.

Звяртаюць на сябе ўвагу аўтэнтычныя тэрміны «далявая крутуха» (№ 19) і «крутуха-карагод» (№ 17), паколькі выклікаюць некаторыя сумневы. Па-першае, паводле экспедыцыйных назіранняў, у тэрміналогіі старавераў «далявая» — гэта працяжная песня: «Ну, вот эта далявыя ў расцяжкі <...> расцянут эту далявуху, што ў такт лодкі качаецца»,[13] «Скажыце, а ці можыць быць крутуха далявой? Ня можыт, далявые — это ж другое саўсем, яны длінныя, медленные»[14]. Гэта пацвярджае і даследчыца фальклору старавераў Латгаліі Т. С. Макашына: «Што тычыцца лірычных працяжных, так званых далявых або сядзячых, то ў асноўным гэта песні позняга, часта літаратурнага паходжання…»[15]. М. С. Атрахімовіч, ад якой была запісана «далявая крутуха» (№ 19), не з'яўляецца стараверкай і для яе дадзены рэпертуар — запазычаны ад стараверў в. Каралева Шаркаўшчынскага раёна. Дазволім сабе выказаць меркаванне, што тэрмін «далявая крутуха» на падставе прыкладу № 19 памылкова ўвайшоў у слоўнік навуковай і народнай тэрміналогіі «Усходнеславянскі фальклор»[16].

---

[13] Зап. У. Я. Аўсейчык, В. В. Барышнікава 26.12.2021 г. у г. Браславе ад Кірыакіі Канстанцінаўны Лаўрэнавай (Івановай), 1933–2023 гг. (нар. у в. Самуйлы Браслаўскага р-на), стараверскага веравызнання. (Асабісты архіў В. В. Барышнікавай).

[14] Зап. В. В. Барышнікава, А. А. Карабовіч, П. М. Цалка 12.07.2021 у в. Кукляны Пастаўскага р-на ад Алены Яфімаўны Ясінскай, 1938–2023 гг., стараверскага веравызнання. (Асабісты архіў В. В. Барышнікавай).

[15] Макашина, Т. С. Фольклор и обряды русского населения Латгалии. — М. : Наука, 1979. — 109 с.

[16] Соловей, Л. М. Крутуха далявая / Л. М. Соловей // Восточнославянский фольклор : словарь научной и народной терминологии / Академия наук Беларуси ; редкол. : Г. А. Барташевич. — Минск : Навука і тэхніка, 1993. — С. 215–216.

Што тычыцца тэрміна «крутуха-карагод» (№ 17), то ён таксама выглядае спрэчным, паколькі паняцці «крутуха» і «карагод» стараабраднікі для сябе выразна размяжоўваюць. Як і ў выпадку з тэрмінам «далявая крутуха», «крутуха-карагод» таксама была запісана не ад прадстаўніцы стараверскага веравызнання. На пачатку запісу № 17 можна пачуць, як Л. М. Салавей просіць праспяваць «*крутуху, якую спявалі на Цярэшцы ці на танцах*», аднак выканаўца найперш кажа: «*Дык і на танцах, і на Цярэшцы ўсюды танцывалі тад[ы] і танцывалі* **карагод**», пасля чаго даследчык удакладняе жанравую прыналежнасць: «**Карагод?**» — і атрымлівае адказ: «*Ага,* **крутуха-карагод** *эта называлісь*».[17]

Падобная сітуацыя адбылася падчас запісу М. А. Козенкам Г. Р. Фамінай[18]. Пасля выканання крутухі «Заінька серай» (№ 28) Галіна Рыгораўна дадае: «*эта ж* **крутуха**», але даследчык робіць выснову: «*Так, значыць гэта* **карагод-крутуха**».

Як бачым, важную ролю пры вызначэнні жанравай дыферэнцыяцыі крутух і карагодаў адыгрывае асоба збіральніка. Паколькі народныя выканаўцы маюць уласнае азначэнне жанру, даследчыку важна падчас запісу не прапаноўваць сваю «навуковую» класіфікацыю, якая можа непасрэдным чынам паўплываць на спевака.

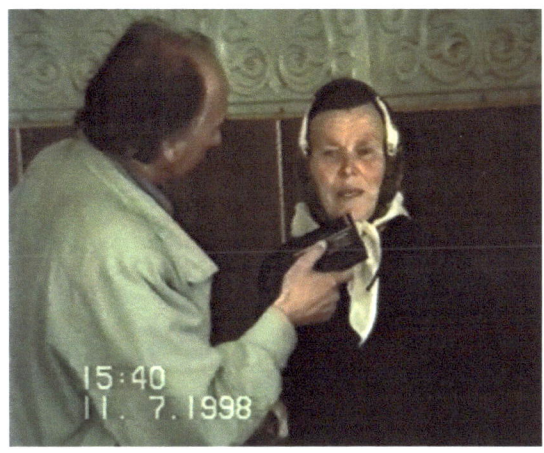

Фота 10. М. А. Козенка падчас запісу Г. Р. Фамінай, в. Каўшэлева Шаркаўшчынскага раёна. 1998 г.

Музычна-стылістычны аналіз песенна-харэаграфічных узораў дазволіў выявіць комплекс устойлівых характарыстык, уласцівых крутухам: двухчастковая страфічная форма, разгорнутыя песенна-паэтычныя тэксты, кантрасная будова музычна-рытмавай формы (наяўнасць у частцы *В* больш дробнага рытмічнага малюнку), досыць хуткі тэмп выканання. *Ладаінтанацыйны комплекс* большасці крутух прадстаўлены дыятанічным пентахордам квінтовага амбітусу (у некаторых выпадках з захопам субтонаў).

---

[17] Запісала Л. М. Салавей у в. Вялікая Кавалеўшчына Мёрскага р-на ад Любові Пятроўны Козел і Надзеі Віктараўны Шук (год нараджэння і веравызнанне інфарматараў не пазначаны). АІМЭФ НАНБ, ф. 20, воп. 88, с. 9.

[18] Запісаў М. А. Козенка ў 1998 г. у в. Каўшэлева Шаркаўшчынскага р-на ад Фамінай Галіны Рыгораўны, 1937 г. н. (нар. у в. Барсучына Шаркаўшчынскага р-на), стараверскага веравызнання. (Асабісты архіў М. А. Козенкі).

Этнаграфічныя апісанні крутух

Прыводзім расшыфроўкі некаторых гутарак, якія раскрываюць кантэкст выканання песенна-танцавальных прыкладаў.

***

— Какія танцы былі ў модзе?
— *Ну первая полька была. Полька, вальс, кракавяк. Ай, многа. І Лявоніху танцавалі. Дзе тут успомніш усе? І Падыспан был такой танец.*
— А танцэвалі ўсе ўмесце? І праваслаўныя і католікі?
— *Усе- усе. У этым разбору не была. Усе сабіралісь.*
— А пад якую музыку? Якія інструменты былі?
— *Гармошка і скрыпка. Эта глаўнае. <...>*
— А крутухі — эта отдых? Эта, значыць, бяз музыкі была?
— *Да, между вот музыкай там ілі повядут ужо музыканта там падкряпіць немножка, тады ўжо крутухі начынают.*
— А хто танцывал крутухі? Бабы?
— *Ну, і мужыкой прыглашалі. Мужчыны прыглашают жэнічын, жэнічына — мужчыну прыглашает. Пакружуцца там.*
— А вы ня помніце, як іх танцывалі? Можа, вы б паказалі, як дзержацца нада, куда хадзіць?
— *Ай, круціліь жэнічына сібе, парень сібе. <...>*
— А крутухі долга вапшчэ танцэваць маглі?

Фота 11. Фаіна Карпаўна Васільева, 1928 г. н., в. Кублішчына Мёрскага раёна, 2021 г. Фота А. У. Смыка.

— *Ну, долга, па жэланію. Музыкант прыходзіт, садзіцца, гармонь расцягівает — крутухі прэкрашчаюцца.*
— А крутухі танцэвалі ў любое время на танцах? Ілі ў апрэдзелённый какой-та празнік?
— *Не, не. На танцах вот ну музыканту ж нада атдахнуць. Ня можа музыкант без канца іграць. Ну, где-та вышлі там ілі пакурыць, ілі паабедаць, а нада ж занімацца. Ну вот начынаюцца эты крутухі.*

— А крутухі толькі старыверы танцэвалі ілі ўсе ўмесце?
— *Танцавалі ўсе ўмесце! Но толькі, знаеце, старыверы іх пелі. Старыверы зналі эты крутухі пець, а танцавалі ўсе.*
— А хараводы былі ў вас?
— *Ну, былі ж такія... былі, былі. І хараводы. Празнікі какіе вот такіе былі, на празнікі на эты. Ну эта ўжо і старшэ нас. Эта і мама расказывала, как аны. І паказывала так, как аны вадзілі.*

Зап. В. В. Барышнікава і А. Б. Свілёнак 21.07.2020 г. у в. Кублішчына Мёрскага р-на ад Васільевай Фаіны Карпаўны, 1928 г. н., стараверскага веравызнання.

***

— Яны кругом хадзілі эці крутухі?
— *Кругом!*
— А дзержаліся за рукі?
— *І за рукі, а не дык... ішо тады за подручкі і самі сабой удзвюх вытанцоўваюць. Ну, ты панімаіш?!*
— А яны пад музыку хадзілі ілі пелі што-нібудзь?
— *І самі пают і гармошка іграет, а яны і круцяцца кругом. І кругом за подручкі крутуху. Я відзіўшы ета, відзіўшы!*

Зап. В. В. Барышнікава і А. Б. Свілёнак 21.07.2020 г. у в. Кублішчына Мёрскага р-на ад Веры Арсеньеўны Кліноўкінай, 1957 г. н., стараверскага веравызнання.

***

— *Нічыво не пелі ў пост. А кагда ўжэ на Ражэство там, на Паску, када ўжэ пост закончыца, тада частушкі пелі. Толькі частушкі, песні не пелі ў нас. Не знаю, можэт, у другіх гдзе дзярэўнях пелі песні, а ў нас частушкі. Тада дзевачкі брaлісь і так хадзілі пара... вот так адна пара выйдзет, втарая, следам трэцяя, і так хадзілі пад пару так.*
— А как эта называлась, што вот пад пару выхадзілі? Какім словам?
— *А вы знаеце, я забыла ўжо. Называлась как-то.*
— А не крутухі?
— *Да! Да, точна. Крутуха.*
— А можаце мне паказаць вот, как эта была?
— *Ну, как была? Во так брaлісь мы, ну, і шлі ўперёд. Следуюшчая пара тожа, но толькі ўжэ пад ніх прахадзілі.*
— І эта крутухі?
— *Эта крутухі ў нас былі.*
— І што, і нада была пець частушкі?
— *Ну, кто ўмел — пелі, а кто не ўмел — так хадзілі, вот. Ну там пріплясывалі. Всякіе ж, знаеце, дзевушкі былі. Баявые і ўсё.*
— А эта іменна дзевушкі без парней?
— *Біз парней, іменна дзевушкі! У нас тока дзевушкі хадзілі біз парней. На днёўкі тада, на днёўкі хадзілі так.*
— То есць парням нельзя была? Тока дзеўкам?
— *Не, ну можна была, но как-та парні не выхадзілі, адні дзевушкі. Адні дзіўчонкі, а парні как-та не выхадзілі. А дзіўчонкі — да.*

— А эта была пад музыку ілі пад язык?
— Пад язык. Пад язык, не, не пад музыку.
— Скажыце, а хараводы ў вас вадзілі?
— Вадзілі
— А кагда іх вадзілі?
— А вы знаеце... ну на танцах вадзілі хараводы. В аснаўном на танцах. Так ні вадзілі. Кагда танцы былі, танцулькі эці, тагда ўжэ на танцульках вадзілі хараводы.

Зап. В. В. Барышнікава і А. Б. Свілёнак 21.07.2020 г. у в. Кублішчына Мёрскага р-на ад Паляковай Алімпіяды Іорыстаўны 1944 г. н. стараверскага веравызнання.

***

— А як Цярэшку маскалі жанілі?
— Дзеўка ідзёт берэт мальца, а малец ідзёт берэт дзеўку. Каво с кім жаніць, і ўсё. Ну і ўсё. І вот дзеўка с мальцам — эта ўжо бацька і матка — так во перакруцюцца і тады іх саідзіняют. І яны ідут за стол садзяцца. Ну і так пар бывает, усякая Цярэшка, і пітнаццаць, і дваццаць, і большая еслі дзярэўня і с другіх дзеравень — і па трыццаць. Ну і ўсё. А тада абыкнавенные танцы.
— А якія танцы?
— Танцы разные: і полька, і вальс, і кракавяк. Што закажут, тое музыкант і іграет. А што піялі — эта крутухі. Вот пасрадзі этых танцаў, вот аттанцуют несака танцаў, тады начынаюцца крутухі. Вот садзяцца дзеўкі, баявейшыя каторыя во і начынают. Дзеўка ідзёт берэт мальца і за "падруку" і танцуют. А яны (дзеўкі. — В. Б.) пают эты частушкі. Ну, разные. Што ў галаву прыдзёт, і пают. Вот тое, і тое, і тое... І так можэт прадалжацца цэлы час эты частушкі.

Зап. В. Барышнікава ў 2017 г. у в. Каралева Шаркаўшчынскага р-на ад Фёдарава Васілія Ананьевіча, 1944–2019 гг., стараверскага веравызнання.

Фота 12. Васіль Ананьевіч Фёдараў (1944–2019 гг.) на ганку Германавіцкай Свята-Успенскай стараверскай царквы, 2018 г. Фота В. В. Барышнікавай.

***

— А скажыце, а ці былі нейкія танцы, каторые толькі старавéры танцывалі?

— А етава во не знаю! Эта во тое… Там танцавалі ўсе ўмесце груцы і палякі, і маскалі. Усе разам танцавалі.

— А скажыце, я знаю, што былі такіе ў маскалей іменна крутухі піяліся, называліся яны крутухі.

— Крутухі і пелі частушкі. Хадзілі еты крутухі. Вот я іх не любіла, што тады падпеваюць, как мы сабéрімся, во і цётка, і тут падрушкі… А на дзярэўні эты крутухі пелі і как выцянут, тады частушку падпяваюць. Так мы тады, как ужо начанаюць крутухі, гдзе ў вугал ці вон выйдзем. Я гру: яшчэ будут падпяваць, то с какім мальцам ці што ты ходзіш. Но как крутухі — мы вон!

Зап. В. Барышнікава ў 2018 г. у в. Германавічы Шаркаўшчынскага р-на ад Грыгор'евай (Матвеевай) Зоі Мікалаеўны, 1934–2020 гг., стараверскага веравызнання.

***

— Эта такіе танцы — крутухі — танцавалі парэнь с дзевушкай йі круціліся, музыка была ў йіх іграла як пад польку. Ну, і эту… бегалі яны, танцавалі во так і круціліся ўсі. Крутуха называецца. І кругом пашлі і круціліся во так. Мнóга пар сабіраліся і круціліся. Эта называецца крутуха.

Фота 13. Зоя Мікалаеўна Грыгор'ева ля Германавіцкай Свята-Успенскай стараверскай царквы, 2018 г. Фота В. В. Барышнікавай.

— А вы самі помніце, как іх яшчо танцываць?

— Так я ні танцавала, тока відзіла, как яны танцующца.

— А чаво вы ні танцавалі?

— Ну яшчэ малая была. Яшчэ я баялася. Стыдна была! Бегаць, дык там жа ўзрослыі парні, дзеўкі, ну і пашлі, скока сабіраюцца, і пашлі кругом, так ідут і круцяцца. А тады польку-трасуху скакалі так, танцавалі польку.

— А крутухі толькі старавéры танцывалі ілі ўсе ўмесці?

— А не. Усі ўмесці! Усе: і католікі і старавéры. Усі ўмесці танцавалі. Эта січас клуб, а раньшэ — на дзярэўні дзе большый дом, дзе большэ маладзёжы, у той дзярэўні збіраліся.

Фота 14. Дзяўчаты на днёўцы ў в. Каралева Шаркаўшчынскага раёна, 1956 г. Фота з сямейнага архіва З. М. Грыгор'евай (другая справа).

У тым домі і танцавалі. Маладзёж збіралася, многа збіралася. От сказалі: "Сяводня ў Навасельцах" — там збіра... Другую суботу вот у Прамянах там ці ў Каралеві. Алі болей збіраліся ў Каралеві. Болей у Каралеві. Там этыя дамы бальшыя былі, а летам — сараі бальшыя. Пятроўку танцы — атусюль. Фэст! Эта ў Каралеві танцы, там два дня танцуюць, спраўляюць бал.

— А што такое днёўкі?

— *Днёўкі? Называецца днёўка, што днём танцы. Ня вечэрам, а днём.*

— А вячэрнія танцы як называліся?

— *А тады вячэрнія танцы. Пагуляюць дзень, от начынаецца дзвенаццаць часоў, так калі пол дзвінаццатава, ну да шасці — эта танцы. Патом усе расходзюцца. там падкрапіліся, хто гдзе выпіў, госці сабіраюцца, а тады вечарам абратна сабіраюцца на танцы. Тады там танцуюць.*

— А як у вас называлі танцы, вечарынкі? Як у вас гаварылі?

— *Вечарына.*

— Вечарына, да?

— *Ага, вечарынка. Усі на вечарынку збіраюцца так і здалёк! На Пятра так і здалёка адкуль прыязджаюць, вот.*

— А вот на Петра сабіраліся толькі стараверы?

— *Ай, усе! І католікі, і стараверы. Не разбіраліся тамака, усе ўмесці. Вот і здалёку. С Пірабродзя дажа знаеш, што ў Гарманавічах Пятроўка фэст. І аж с Пірабродзя, с Малявак прыязджалі! С Марозек! Кублішчына! Усі дзярэўні збіраліся ў Каралева на танцы. І ў каво знакомаі і тамыка эта во ў госці ідут, гдзе каторая радня. Вот.*

— А раскажыце вот, як этат фэст? Спачала ж маліліся?

— *Ну, Пятроўку с утра памоляцца.*

— Маліліся ў маленнай тут?

— *Да, у нашай маленнай маліліся, атмоляцца да абеда, а с абеда тады расходзяцца, гдзе госці, пабедалі — і на днёўку.*

— І скока так чылавек магло быць на этай днёўке?

— *Ай, там фіг іх сашчытаеіш! І тамыка шчоту нет. Бярозкам украшаны, скамейкі пастаўле... Там сільна многа. Як сялёткі ў бочкі! Вот так стока іх сабіралася малазёжы. Ай, а маладзёж малодая і даўней жа не была такой роскашы. Красіва ўсі панядзеваўшы, завіўкі падзелаўшы дзеўчаты. Парні ўсі пры гальштуках, касцюмы. Красіва маладзёж была.*

— А ня ўспомніце, да якіх гадоў яшчэ днёўкі праводзілі? У якіх гадах танцывалі крутухі?

— *Крутухі я табе і скажу: як я радзілася, так яны ш і былі.*

— А кагда іх перэсталі? У якія гады?

— *Вот ужо крэтухаў ня стала, як я ужо была... ў шэйдзісятым ужо гаду крэтух не была. Ужо хадзілі ў клуб, нікакіх крутух не была. Во эта я добра помню. Вот. Во ўжо ў эты гады — у пійсят шэсь, пійсят сем да шэйдзеся... ужо нікакіх крутух не была! Ужо этыя былі так... прастыя танцы, ужо саўсем па-другому.*

— А ваш дзедушка адабраў, што вы на танцы ходзіце, крутухі там сматрэлі?

— *Ну, я табе скажу: "Хадзіце, но тока ў суботу на танцы!", — на празнік, на васкрясенне, ні хадзілі. Нас не пускаў дзедушка. Тока ў васкрясення, у выхадной! А тут спраўлялі, ведама, і католікі, і маскалі разам, стараверы еты, ішлі каторыі, а ўжо я і цётка мая «папіха» — дзе-*

душка не пускал: «На празнік нельзя!», — *с палякам запрашаў связывацца, танцаваць. Как узнал, што эта такой у касцеле быў Грабоўскай — брат Грабоўскаму ксяндзу брат, дык хадзіў на танцах. І ён нескука раз міня этый Грабоўскай прываджал.* «Ня будзіш хадзіць на танцы! Связалась с паляком? Яшчэ і с ксяндзовым братам! Так што сідзі дома», — *і ні пускаіт, который раз прыдзёт, дубінай стук — всё. І цётка сідзіт, а мы мала с ей, с цёткай, і старэйшый: на два года разніца.* «Дома!», — *кулаком, всё. Сідзім дома, не йдзём на танцы.*
<...>
— А ці былі хараводы, караводы? Ці вадзілі?
— *Вадзілі старэйшый бабы. Бабы болей старэйшый, ужо жанчыны ты караводы вадзілі.*
— А какова возраста яны былі — эці старэйшый жанчыны?
— *Ну, так і саўсім ішлі стары і па сорак, па пійсят, усе эты старушкі. Надзявалісі, шубейка шырокая, фартух вышываная, платкі завяжут стары бабы, ну і пашлі. У такім возрасце, як і я.*
— А вот раскажыце, эта толькі стараверкі так хадзілі?
— *Стараверкі!*
— А астальные не вадзілі хараводы?
— *Не, не, не. Католікі ня ўмелі. Эта тока старавэры.*
— А як вы думаеце, чаго іх крутухамі называлі?
— *Ай, вот я эта табе ні скажу! Эта ні знаю. Крутухі і ўсё. Ну, танцы сяводня, крутухі будут. Ну і крутухі. А іх пакруціса, паскачы эты крутухі! Іх цяжка, жарка танцаваць. Сапрэші как... потам абальёса эты крутухі пахадзіць!*

— А крутухі гэтыя пад інструмент танцываліся ілі пад язык?
— *Не, не, не. Пад гармонь! Баян, скрыпка і бубін быў. І бубін. Скрыпка, баян і бубін! І пелі, і танцавалі. так лёгка ж тады танцаваць, как музыка такая іграіт, ты і сам прыгаіш. Музыка ж табе даёт дыхту! Вот. Там жа буіш прыгаць! Ня буіш сідзець заснуўшы, а музыка вясёлая! Гдзе ж ты эта ж... самі ногі прыгают!*
— А скажыце, бывала такое, што крутухі танцывалі "пад язык"?
— *Бывала! Как не была... бабы ігралі такіе донушкі, хто ў ложкі лупіт, хто донушкі вазьмёт і частушкі пелі. Вот.*
— То есць крутуха — эта кагда пары круцяцца, а хто-та паёт частушкі?
— *Да.*
— А ці было такое, што на крутуху нада апрэдзелённае калічэства пар?
— *Не! Скока есь — стока ўсі танцавалі! Хто мог! Каторые маглі танцаваць, а каторые — не. Ну нету ў іх, сказаць, такова дыхта, каб танцаваць крутухі.*
— А што такое дыхт?
— *Дыхт — рызыка ідзёт! Как хто вып'ет такой, у яво шкура гарыт, аж падпрыгваіт! Как я, музыку добру зайграют, я гру:* «Ай, я паміраць буду, а вы ўключайце, я буду танцаваць!» *У міня ўжо, как зайграет даўнейшая, у міня ўжо ўсё-ўсё ходарам. Я гру:* «Тады буду как паміраць, вы ўключайце музыку. Я скарэй памру».

Зап. В. Барышнікава 14.06.2020 г. у в. Германавічы Шаркаўшчынскага р-на ад Грыгор'евай (Мацвеевай) Зоі Мікалаеўны, 1934–2020 гг., стараверскага веравызнання.

***

— Ну, дык усё ў старавераў былі такія ж... як гэта даўней — Лявонiхі танцывалi, кадрылi там, Падыспан як... во эта танцы. А яны ўсё крутухi танцавалi, хадзiлi ўвакруг i каждый сабе пiялi i пiялi прыпеўкi. Ну ў маскалей гэта ўсё крутухi танцавалi на вечарыне.

Зап. М. А. Козенка ў 1998 г. у в. Сасноўцы Шаркаўшчынскага р-на ад Валянцiны Усцiнаўны Дарашчонак, 1928 г. н., праваслаўнага веравызнання.

***

— Пра крутухi? Я ўсё пазабывала. Ну, эта танец такой. Ну, быстра танцуют. I толька жэнщчыны в аснаўном. Жэнщчыны паюць вот, на скамейках сiдзят вакруг. Раньшэ была такая мода, што маладзёж у парогi, а ўсi старыкi жэнатыя сiдзят на скамейках i абсуждают, как хто сябе вядзёт. Ну так i тут: эта крутуха — яна такая вясёлый быстрый танец. I вот я ўжо забыла, как яна можэт... ну, напець как яе можна. А танец быў такой вот: две жэнщчыны iлi дзевушкi выскакiваюць, i жэнщчыны паюць такую быструю песню. Ну, раньшэ песнi пелi такiе, ну, пра... жызненные! Раньшэ не было такiх песен. Пелi i на свадзьбах, штоб нявеста плакала там, i пра сiроцкую судзьбу, што яна выходзiць замуж у чужую сям'ю, штоб маладая плакала. Цiпер маладые танцуюць, паюць— i ўсё. А раньшэ — эта нада была еслi ана плачэт, маладая значыт, ана будзет добра жыць, а еслi не плачэт, значыт у жызнi пайдзёт

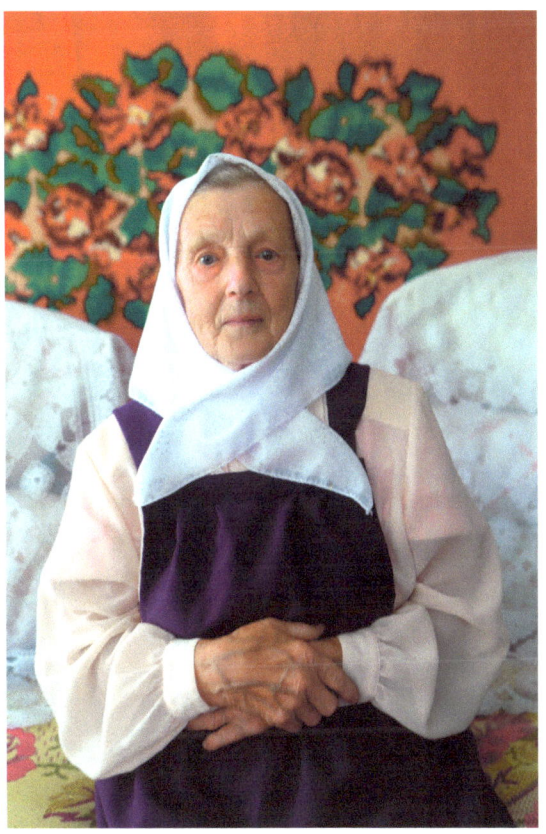

Фота 15. Цiмафеева Кiцярына Iванаўна (1940 г. н.), г. Глыбокае, 2021 г. Фота А. У. Смыка.

не так што-та. Ну, а крутуха, как танцы начынаюцца — i бабы сiдзят у рад i паюць. I такiе песнi... а дзве жэнщчыны бруцца за руку ў адну старану танцуюць, а тагда ў другую. I адна садзiцца, бяруць iшчо. А тады эта садзiцца, а эта выбiрае iшчо там жэнщчыну. I крутуха — эта быў вясёлый, быстрый танец. Цiпер ужо пра эту крутуху мала хто знает. <...>

— А скажыце, пажалуста, а карагоды вадзілі раньшэ?

— Да, да. Ну тагда, знаеце, былі такіе танцы, ну, як вам сказаць... Ну как ціпер танцы, так ані учат: вот такой ілі іной танец. Ані учат. І вот танцуют ані ўжэ пад эту музыку. А раньшэ ж не пад музыку, а пад песні толька і ўжо как я стала, но я яшчо не хадзіла на танцы, у нас быў гарманіст, губная гармошка і балалайка. Быў такой гарбаценькій Ваня. І ён на балалайке там пастрымкае. Ну тут танцавалі проста наученые былі старіннаму: польку беларускую, польку танцавалі, Кракавяк, Падэспанец і... ну, а старейшыя ўжо, это ўжо как мы пашлі на танцы, ужо былі гармошкі. Тагда ўжо была такое, такіе танцы как бы шыкарные!

— А скажыце, пажалуста, вот крутухі атнасіліся к шыкарным танцам ілі нет?

— Да. Абізацельна! Жэнічыны пелі, а ўжо ну і маладые жэнічыны танцавалі, і дзяўчаты танцавалі, і парней бралі. Ну, вот так за руку захопюцца і кружуцца, танцуют быстрынька так, а бабы пают. І крутуха — эта была толька пад песні!

— А вы ня ўспомніце вот, што пелі тагда пад крутухі?

— Ай, ну, пелі... вот я ж і ўмела тагда этыя крутухі і пець, і ўсё, і пазабывала! Ай, ну, такіе, ну, жызненные! Жызненные! Пра жызню, пра дзіўчат, пра какіе яны красівые, такіе красівые і харошые. Ну, обшэм, тагда былі песні толька жызненные!

Зап. В. Барышнікава 20.11.2020 у г. Глыбокае ад Цімафеевай Кацярыны Іванаўны, 1940 г. н. (нар. у в. Ластавічы Глыбоцкага р-на. З 1956 г. пражывае ў г. Глыбокае), стараверскага веравызнання.

Фота 16. Патарочына (Лашкова) Матрона Афанасьеўна (1927–2917 гг.), в. Залессе Глыбоцкага раёна, 2012 г. Фота Р. Л. Шарыпкіна.

***

— Музукант іграл, алі дралісь мальцы сільна. У пасты вечарінак не была, толька на мясаеду, кагда мяса ведзь. На пасты не была. Вачарінкі былі, так вот сабіраліся дзяўчаты песні пелі, маладзёжы было многа, зберуцца, там група сабраўшы пают, там група сабраўшы пают. <...> Балалайкі былі. Сабіраецца маладзёж летам на вуліцы, у каво панадворак бальшой, і танцуют на вуліцы, і ў балалайкі іграют, і в гармошкі, і ў губную гармошку ігралі. Губная такая, гармошкі былі. Зберуцца маладзёж. <...> І зімой гулялі, і летам гулялі, хараводы вадзілі. Крутухі этыі зімой пелі, танцавалі. І *в прісядушкі прісядают. Малодыі былі, і ў прісядушкі крутухі еці і прісядут, і саскочут, і на нагі топнут, на галянішчы как ляснет. Ох! клікнут. Тады такіе яшчо баранкі круцілі. Ну, перакручываліся. Баранкі. Называецца баранкі круцілі. І пелі.*

Зап. В. М. Прыбылова і Т. Л. Канстанцінава ў 2012 г. у в. Залессе Глыбоцкага р-на ад Матроны Афанасьеўны Патарочынай (Лашковай), 1927–2017 гг., стараверскага веравызнання.

***

— Скажыце, а што такое круцель?
— *Круцель — эта парень с дзевушкай. І тожа парень астаёцца, а дзевачка... Ну, выходзіт парень, как только мы запаём, тагда выходзіт адзін парень, танцуе. Адзін парень выходзіт, а мы все сідзім, паём хорам. Тагда етат парень берет дзевычку сабе і танцуе с дзевачкай. Ну, я пакажу, как танцуют. Ну, тагда вот патанцуют там сколька, тагда парень атходзіт, а дзевачка ета берет сабе парня, какова жэлает. Для іх мы все паём хорам. І вот так вот сменіваем і сменіваем.*
— І мелодыя песні меняецца?
— *Не, не, не, не. Адна, і адна, і адна... І лупцуй, і лупцуй, і лупцуй, сколька лезет!*
— Эта так танцуецца здорава, да?
— *Да! Пака ўстанем.*
<...>
— Што пад музыку, дык гэта што?
— *Танцы. Эта танцы. А што на язык — эта круцялі.*
— Круцялі?
— *Ага, карагоды, круцялі... да, да, да.*

Фота 17. Сцефаніда Афанасьеўна Барысава, г. п. Лынтупы Пастаўскага раёна. 1998 г.

Зап. М. А. Козенка ў 1998 г. у г. п. Лынтупы Пастаўскага р-на ад Сцефаніды Афанасьеўны Барысавай (Шубінай), 1926 г. н., (нар. у в. Свіркай Свянцанскага р-на, Літва), стараверскага веравызнання.

***

— *Вот, знаіце, тут во ў Каршунках, сасёдняя вёска, ну, многа мальцаў было, там дзевак мала, но мальцаў. Такія задорныя, старавёры, маскалькі яны. Как начнут танцываць! І точна таксама пад музыку, у такт. І, ну, прама пыль у хаце.*

Зап. М. А. Козенка ў 1998 г. у в. Тадуліна Шаркаўшчынскага р-на ад Юзэфа Янавіча Падобы, 1935 г. н., каталіцкага веравызнання.

6. Вот мы сейілі, мы сейілі лянок

Вот мы сейілі, мы сейілі лянок,
Вот мы сейілі, прігаварівэлі,
Чэбатамі прікалачэвылі,
Ты ўдайся, удайся, лянок,
Ты ўдайся, мой белый кужалёк,
Што мой лён(ы), белый лён,
Пряма на гары, пряма на крутой,
Лён(ы) зіляной.

Запісаў Ю. А. Новікаў у 2000 г. у в. Кукляны Пастаўскага р-на ад Лідзіі Дзмітрыеўны Чарновай, стараверскага веравызнання. (ДАЦГ ІЛМ, д. № 1695, зап. № 20801).

7. О, мы сеілі, мы сеілі лянок
(«каравод»)

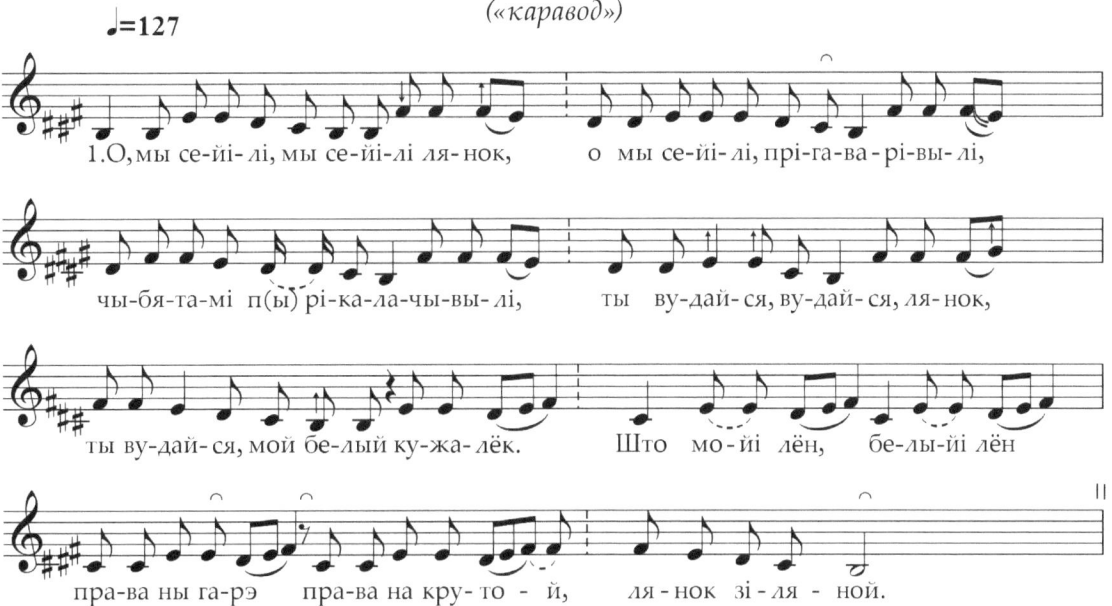

О, мы сейілі, мы сеілі лянок,
О, мы сейілі, прігаварівылі,
Чыбятамі прікалачывылі.
Ты вудайся, вудайся, лянок,
Ты вудайся, мой белый кужалёк.

Што мой лён, белый лён,
права ны гарэ, права на крутой,
Лянок зеляной.

Мы палолі / абівалі / слалі / падымалі / мялі / тряпалі / пралі / ткалі / расшылі / вазілі.

Запісаў М. А. Козенка ў 1998 г. у г. п. Лынтупы Пастаўскага р-на ад Сцефаніды Афанасьеўны Барысавай (Шубінай), 1926 г. н. (нар. у в. Свіркай Свянцянскага р-на, Літва), старавэрскага веравызнання. (Асабісты архіў М. А. Козенкі).

8. Вот мы просу сейілі

1. Вот мы про-су се-йі-лі, се-йі-лі, зя-лё-ныя траў-ка, а-лый цвет, а-лы-йі цвет.

– Вот мы просу сейілі, сейілі,
Зялёныя траўка, алый цвет, алый цвет.
– А мы просу вам вытэпчэм, вытапчэм.
– А мы коні зловімі, зловімі,
Зялёныя траўка, алый цвет, алый цвет.

Запісаў Ю. А. Новікаў у 2000 г. у в. Кукляны Пастаўскага р-на ад Лідзіі Дзмітрыеўны Чарновай, стараверскага веравызнання. (ДАЦГ ІЛМ, д. №, зап. № 20801).

9. А мы просу сейілі

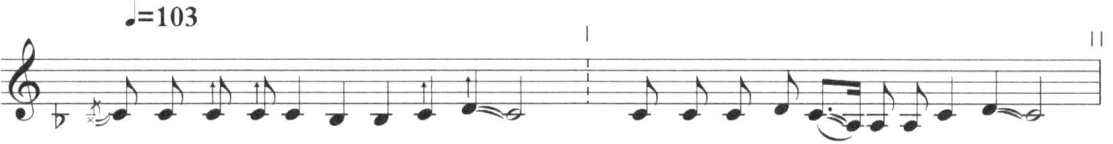

1. А мы про-су се-йі-лі, се-йі-лі, і-ду мла-да, се-йі-лі се-йі-лі

– А мы просу сейілі, сейілі,
Іду, млада, сейілі, сейілі.
– А мы просу вытапчэм, ватапчым,
Іду, млада, вытапчэм, ватапчым.
– А чым жа вы вытапчыці, вытапчыці?
– А мы коней выпусцім, выпусцім.
– А мы конім паловім, паловім.

Іду, млада, паловім, паловім.
– А чым жа вы паловіці, паловіці?
Іду, млада, паловіці, паловіці.
– А мы сеці закінім, закінім,
А мы сеці закінім, закінім.
– А мы сеці парэжым, парэжым.

Запісалі Т. Л. Канстанцінава, В. М. Прыбылова ў 2012 г. у в. Залессе Глыбоцкага р-на ад Матроны Афанасьеўны Патарочынай (Лашковай), 1927–2017 гг., стараверскага веравызнання. (ФЭ БДАМ, 3Е083).

10. Ходзіт, едзіт(ы) Фалімон(ы)
(«на Каляды зімой»)

1.Хо-дзіт е-дзі-т(ы) Фа-лі-мо-н(ы), За чы-м(ы) е-дзі-ш(ы), брат Ля-вон

Ходзіт, едзет(ы) Фалімон(ы), за чым едзіш(ы), брат Лявон?
– Еду дзевык(ы) вабіраці, еду красных(э) любаваць.
– А ў нас дзеўкі ні д(ы)ля вас(ы), а ў нас красные ні для вас.
– А мы сізыю вазьмём(ы), мы пасадзім(ы), павезём.
– От мы Мінушку будзім жаніці, а Марінушку замуж андаваць.
– А в нас сізаі ні для вас, у нас краснаі ні для вас.

Запісаў М. А. Козенка ў 1998 г. у г. п. Лынтупы Пастаўскага р-на ад Сцефаніды Афанасьеўны Барысавай (Шубінай), 1926 г. н. (нар. у в. Свіркай Свянцянскага р-на, Літва), староверскага веравызнання. (Асабісты архіў М. А. Козенкі).

11. Едзіт(ы), ходзіт(ы) Фалімон

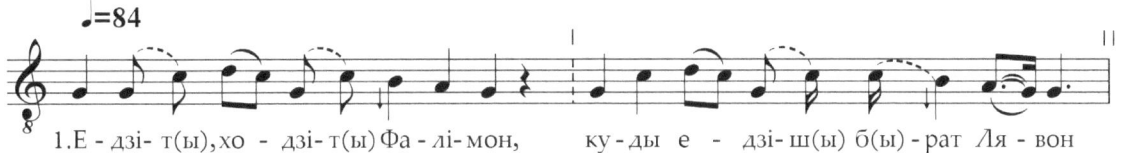

– Едзіт(ы), ходзіт(ы) Фалімон, куды едзіш(э), брат Лявон?
– Еду дзевак вабіраць, с краснэм шапкам(э) любаваць.
– А эты дзеўкі ні для вас, а вот красных шапачкэх ні пра вас.

Запісаў Ю. А. Новікаў у 2000 г. у в. Кукляны Пастаўскага р-на ад Лідзіі Дзмітрыеўны Чарновай, стараверскага веравызнання. (ДАЦГ ІЛМ, д. №, зап. № 20801).

12. Запляціся, пляцень
(«на Паску»)

1. За - пля - ці - ся, пля - це - нь, за - пля - ці - - ся.

Запляціся, пляцень, запляціся,
Ты залейся, кум(ы)ка, шал(ы)кавая.
Завяр(ы)ніся, т(ы)руба, залата[я].
Што ў на свеці сера вуціца
Патапіла свайіх(ы) дзету[шы]к(ы),
Патапіла ванятушык.
Распляціся, пляцень, распляціся,
Раз(ы)вяр(ы)ніся, труба залатая,
Што ў на [све]ці ўшча ўціца
Патапіла свайіх(ы) дзетушык(э),
Патапіла [ванятушык].

Запісала Т. Б. Варфаламеева ў 1997 г. у в. П'еўцы Браслаўскага р-на ад Фяцініі Іванаўны Смысловай, 1921 г. н., стараверскага веравызнання. (Асабісты архіў Т. Б. Варфаламеевай).

13. Вутка йшла
(«каравод на Паску»)

Вутка йшла па бережку,
Серыя па крутым.
Дзяцей выла за сабою:
Старшэва, меньшэва
Сярэдніва, большыва.

А вуці-вуці вуці,
А куды міне войці,
Нада цёмны лес,
Нада дзетушэк увесць.

Запісала Т. Б. Варфаламеева ў 1997 г. у в. П'еўцы Браслаўскага р-на ад Фяцініі Іванаўны Смысловай, 1921 г. н., стараверскага веравызнання. (Асабісты архіў Т. Б. Варфаламеевай).

14. Йішла вутка
(«каравод»)

48

Йшла вутка па берігу,
Серыя па крутому,
Вяла дзяцей зы сабою:
Стар(ы)шыва, меньшыва,
Сярэд(ы)ніва, большыва.
А вуця-вуця-вуця,
Да куды павуціць,
Штоба в цём(ы)ный лес,
Свайіх дзетуўык весць,
Штоба Волга ряка,
Утапілыся вуця,
Штобы чарачка вінца,
Захлянулася вуця,
Пыляцела вуця.

Запісаў М. А. Козенка ў 1998 г. у г. п. Лынтупы Пастаўскага р-на ад Сцефаніды Афанасьеўны Барысавай (Шубінай), 1926 г. н., (нар. у в. Свіркай Свянцянскага р-на, Літва), стараверскага веравызнання. (Асабісты архіў М. А. Козенкі).

15. Зарадзілася Дуняша
(«крутуха»)

Зарадзілася Дуняша, ні веліка, ні мала,
Ні веліка, ні мала, са юнымі гуляла.
Ні веліка, ні мала, са юнымі гуляла,
Са юным, са такім с рэбетушкым маладым.
Са юным, са такім с рябятушкым маладым,
Ні за то ана гуляла, што любімый мілый был(э).
Ні за то ана гуляла, што любімый мілый был,
Нілюбімый мілый был, другіх дзевушык любіл.
Нілюбімый мілый был, другіх дзевушык любіл,
Я ўчара свічара параздоріла дружка.
Я ўчара свічара параздоріла дружка,
Параздорілыся, с йім распорілыся.
Параздорілася, с йім распорілася.

Запісалі Т. Л. Канстанцінава, В. М. Прыбылова ў 2012 г. у в. Залессе Глыбоцкага р-на ад Матроны Афанасьеўны Патарочынай (Лашковай), 1927 г. н., стараверскага веравызнання. (ФЭ БДАМ 3Е083).

Фота 19. Патарочына М. А. (злева) і Прыбылова В. М. выконваюць крутуху «Зарадзілася Дуняша», в. Залессе Глыбоцкага р-на, 2012 г. Фота Т. Л. Канстанцінавай.

16. Урадзілася Дуняша

Урадзілася Дуняша, эх, ні вяліка, не мала,
Ох, ні вяліка, ні мала, да са і с намы гуляла.
Са і с намы са такім, ой, с рэбяцішкам і с малым.
Ох(ы), я заплакала заныла, на крылечак(э) выхадзіл.
На крылечак выхадзіла, ой, з братам(э) рэчы гаварыл,
Ой, пайізджайце, ні паздайце, у цёмным(ы) лесе ні начуй.

Запісаў В. І. Ялатаў у 1963 г. у Браслаўскім раёне ад групы жанчын: А. І. Астроўскай, 1911 г. н., А. В. Блажук (г. н. невядомы), Г. Д. Кацюн, 1905 г. н., Т. В. Мацук, 1920 г. н., веравызнанне інфарматараў не пазначана. (АІМЭФ НАНБ, ф. 2, воп. 11, с. 57).

17. Нарэдалася й Дуняша
(«крутуха-карагод»)

Нарэдалася й Дуняша ні вяліка, ні мала,
Ні вяліка, ні мала й, су янымі гуляла.
Ні вяліка, ні мала й, су янымі гуляла,
Су янымі, с такімі, с рэбяткамі с маладымі.
Ні за тое я гуляла, што й няверэн(э) мальчэк был,
Он ня верэн ні вярон, он ня адну міне любіл(э).
Он ня верэн(а), ні вярон, он ня адну міне любіў.

Запісала Л. М. Салавей у в. Вялікая Кавалеўшчына Мёрскага р-на ад Любові Пятроўны Козел і Надзеі Віктараўны Шук, год нараджэння і веравызнанне інфарматараў не пазначаны. (АІМЭФ НАНБ, ф. 20, воп. 88, с. 9).

18. [Сля]ды мае, сляды
(«так ходзюць у карагод»)

3.Чэм(э) ху-ду-[ю] сла-ву слы-ша-ць бро-шу мі-ла-ва лю-бі-ць
Бро-шу мі-ла-га лю-бі-ць, пе-рэ-ста-нуць га-ва-ры-ць.

[Сля]ды мае, сляды, давялі міне сляды,
Давялі міне сляды, да горушка, да бяды.
Да горушка, да бяды, да славачкі да худой,
Чым худую славу слышэдзь, брошу мілага любіць.
Чэм худу[ю] славу слышадзь брошу мілава любіць,
Брошу мілага любіць, пірэстануць гаварыдзь.
Брошу мілага любіц(е), перэстануць гаварыць,
Учэра я звічыра й параздорылася йі.
Параздорэлася зі йім распорэлася,
Я ўмею зразумею, самірыць дружка дружка ўмею.
Я ўме[ю], зразумею, самыры дружка ўмею,
Ты прэляг, прэляг, галубчэк, я ў галоўкі пайішчу.
Я ў галоўке паішчу йі русы кудры рашчашу,
Начыла кудры чэсаць, стаў мой мілы засыпаць.
Заснуў, заснуў, мой любезный, у дзевушкі на руках.
На руках, на кісцейных рукуўках.
На руках, на руках(ы), на кісцейных рукуўках.

Запісала Л. М. Салавей у в. Наўгароды Мёрскага р-на ад Браніславы Іванаўны Дуброўскай, 1916 г. н., веравызнанне не пазначана. (АІМЭФ НАНБ, ф. 20, воп. 88, с. 9).

19. Я ў маменькі жыла
(«далявая крутуха», «калі Цярэшку жанілі»)

Я ў маменькі жыла, тонка пралюшка была,
Жыла-нежылася, не нацешэлася.
Я ў маменькі жыла, чаю с мёдэм ні піла,
Ой, жыла-нежылася, ні нацешылася.
Я ў маменькі жыла, тонка пралюшка была,
Што дзянёк, то зубок, што нядзельку, то радок.
А как паставіла станок, как паставіла станок.
Как паставіла станок ат місаеда да талок.
Как паставіла станок ат місаеда да талок,
Што с-пад вета с-пад віцей, курка вывела дзяцей.
Што с-пад вета с-пад віцей, курка вывіла дзяцей,
Сорак восем пітушкоў, а дзве курачкі.
Сорак восем пітушкоў, а дзве курачкі.
Пушчу курачку на вулачку, сама за ней пайду.
Пушчу курачку на вулачку, сама за ней пайду,
І сама за ней пайду, там я мілава найду.
І сама за ней пайду, там я мілава найду.

Запісалі І. Д. Назіна і Л. М. Салавей у 1988 г. у в. Каралева Шаркаўшчынскага р-на ад Марыі Сяргееўны Атрахімовіч, 1919 г. н., каталіцкага веравызнання. (АІМЭФ НАНБ, ф. 20, воп. 88, с. 008).

20. Ні будзіці маладую
(«хараводная»).

Ні будзіце маладую рана утрам па утру,
Вы тагда её будзіце, кагда солнэшка взайдзёт.
Вы тагда её будзіце, кагда солнэшка взайдзёт,
Кагда солнэшка взайдзёт(э), раса на зем(ы)лю спадзёт(э).
Раса на зем(э)лю спадзёт(э), пастух выйдзет(э) на лужок,
Пастух выйдзіт на лужок(ы), заіграет у ражок(э).
Харашо пастух іг(ы)рает, выгаваріваійт,
Выганяйце вы скаціну на шэрокую даліну.
Выганяйце вы скаціну, на шэрокаю даліну,
Гонют дзеўкі, гонют(ы) бабы, гонют малые рабята.
Гонят дзеўкі, гонют(ы) бабы, гонют малые рабята,
Анна дзеўка лучэ всех, в касе лента шыре всех(э).
Ад(э)на дзеўка лучэ в(э)сех(э) в касе лента шыре ўсех,
А другая галубая, пра её слава худая.
Пастух з дзеўкай загулёл, усю стаду расцерял.

Запісалі У. Я. Аўсейчык, В. В. Барышнікава 26.12.2021 г. у г. Браславе ад Кірыакіі Канстанцінаўны Лаўрэнавай (Івановай), 1933 г. н. (нар. у в. Самуйлы Браслаўскага р-на), стараверскага веравызнання. (Асабісты архіў В. В. Барышнікавай).

21. Не будзіце маладу
(«крутуха»)

1. Не бу-дзі-це ма-ла-ду ра-нё-[шэ-нь]-ка па ву-тру,
вы та-гда мі-не бу-дзі-це, ка-гда сол-нэш-ка вза-[й]-дзёт.

Не будзіце маладу ранёшэ[нь]ка па вутру,
Вы тагда міне будзіце, кагда солнышка вза[й]дзёт. ×2
Кагда солнышка взайдзёт, раса [на] землю спадзёт,
Раса на зямлю [спа]дзёт, пастух выйдзет на лужок.
Пасту[х] выйдзет на лужок, заіг(ы)ра[ет] ва ражок,
Хэрашо пастух іграет, выгаварівэіт,
Ха[ра]шо пастух іграет, выгаварівэет,
Выганяйце скаціну на шыроку[ю] даліну.
Выганялі стада вруг станавіліся вакруг,
Адна дзеўка вісяла, па кругу плесаць пашла.
Адна дзеўка весела, па кру[гу] плесаць пашла,
Ана пляшэт, ручкай ма[шыт], пастушка к сібе маніт(ы),
Ана пляшэт, ручкай машыт, пастушка к сібе маніт,
Сюды-сюды, пастушок, сюды міленькай дружок.
Сюды-сюд[ы] пастушок, [сю]ды міленькэй дружок,
Ка мне спаць, начаваць, на пуховую краваць.

Запісалі В. В. Барышнікава, А. А. Карабовіч, П. М. Цалка 12 ліпеня 2021 г. у в. Кукляны Пастаўскага р-на ад Алены Яфімаўны Ясінскай, 1938 г. н., стараверскага веравызнання. (Асабісты архіў В. В. Барышнікавай).

22. Ні будзіце маладу
(«крутушка»)

Ні будзіце маладу ранёшэнька па ўтру,
Вы тагды міня будзіце, кагда солнышка взайдзёт. ×2
Кагда солнышка взайдзёт, раса на землю спадзёт,
Раса на землю спадзёт, пастух выйдзіт на лужок.
Пастух выйдзіт на лужок, зайіграіт(ы) у ражок,
Харашо пастух ігр(ы)раіт(ы), прігаварівает,
Выганяйці скаціну на шырокаю даліну,
Выганялі на поле-луг, станавілісь все вакруг,
Адна дзяўчонка вісяла, в кругу плясаць пашла.
Яна пляшэт(ы), ручкай машэт(ы), пастушка к сібе маніт.
Сюды-сюды, пастушок, сюды міленькый дружок.
Ты каровушэк пасі, начаваць ка м(ы)не хадзі.
Пастух ночку начавал, ён кароўку пацярял,
А втарую начавал, ён ішо адну ўцярял,
А как треццю начавал, ён ўсё стада расцярял.
Глупа старыя была, ох, зачэм маніла пастушка?
Я всё звала, да ласкала, да ўгаварівэла.
Начуй, міленькай, начуй,
Ох, хоць адну ночэньку піряспі!

Запісаў Ю. А. Новікаў у 2000 г. у в. Кукляны Пастаўскага р-на ад Лідзіі Дзмітрыеўны Чарновай, стараверскага веравызнання. (ДАЦГ ІЛМ, д. № 1695, зап. № 20801).

23. Ні будзіці маладу

Ні будзіці маладу й ранёшэнька па ўтру й,
Вы тагда міня будзіце, кагда солнэшка взайдзёт ×2
Ой, кагда ш солнушка взайдзёт(ы), раса на зем(э)лю спадзёт,
Раса на землю спадзёт(ы), пастух выйдзіт на лужок.
Пастух выйдзіт на лужок(ы) і заіграйіт у ражок.
Харашо пастух іграіт, выгаварівайіт.
Выганяйце, вы, скаціну на шырокаю даліну й.
Гонют дзеўкі, гонют бабы, гонют малэі ребяты.
Яны гналі, сыг(ы)наліся в адно места саб(ы)раліся ш(ы).
Адна дзеўка луччэ всех, в касе лента шыре ўсех.
А другая галубая, пра её слава худая.
А трэція сы кісцям(ы) бяжыт Ваня с навясцямі.
С навясцям(ы), с навясцям(ы), с(ы) вялікім радасцям
Значыт Ваня не дурак(ы) завёт Дуню ва кабак.
Пайдзём, Дуня, пайдзём, міла, ва зялёный сад гуляці.
Ва зялёный сад гуляць, цвяты алыя счыпаці.
Все харошые, прыгожы, чэсавые для міня
Я плахая, я плахая, вікавечная твая.
Вікавечная твая ды падвянечная жана й.

Запісаў М. А. Козенка ў 1998 г. у в. Каўшэлева Шаркаўшчынскага р-на ад Фамінай Галіны Рыгораўны, 1937 г. н. (нар. у в. Барсучына Шаркаўшчынскага р-на), стараверскага веравызнання. (Асабісты архіў М. А. Козенкі).

24. Ні будзіці мыладую
("круцель")

Ні будзіці мыладую ранёшэнька па вутру,
Вы тагда міня будзіці, кагда солнушка взайдзёт(ы). ×2
Кагда солнушка взайдзёт, раса на зем(ы)лю спадзёт,
Раса на зем(ы)лю спадзёт, пастух выйдзіт на лужок.
На лужок, на лужок, зайігр(ы)граіт у ражок,
Хэрашо пастух іграет, выгаварівайіт.
Выганяйці скаціну на шырокэю даліну,
Выганялі стада луг, станавіліся вакруг.
Ад(э)на дзека вісяла, па кругу плясаць пашла,
Ана пляшэт, ручка машэт, пастушка к сібе маніт.
Сюда-сюда, пастушок, сюда, міленькай дружок.
Ты скацінушку пасі, нэчаваць ка м(ы)не хадзі,
Пастух ночку начавал, каровушку пыцярял.
Штоба знала дзевушка, ні маніла пастушка,
Пастушка, пастушка, к сібе мілава дружка.
К сібе спаць, нычаваць на цісовэю краваць,
На цісовую краваць харошую цэлаваць.
Цылавала, мілавала, вэнімала нычаваць,
Начуй, міленькай, начуй, харошэнькай піряспі.
Я бы рада нычаваць, буду дзевушкі пяняць,
Буду дзевушкі пяняць, паімённа называць.
Ты паедзіш на рынэк, на станав(ы)лівыйся,

Ны харошых, нэ прігожых(ы), ні насматрівыйся,
Што харошые, прігожы цібя высушылі.
Сэ белова са ліца краску выценулі,
Ох ты, прісь прывалісь на краваць ка мне валісь,
Будзем(ы) горе гэряваць, будзем(ы) ката адзяваць,
Сера кошэчка б'ёт в акошэчка.
Ты ня стукайіся, падзірябэйся,
Пахвацілась сродна маць двухэтажный дом аддаць.
Двухветажный дом андаць, чысты яснэй сумавар,
Чыстый ясный сумавар(ы), расхрустальные стаканы.
Штонядзеля — чаю п'ю, штомінута — слёзы лью,
Ні магу чаю запіць, свайму горю памачыць.
Я па горенькі хадзіла, я па новай гуляла,
Гуляла я гуляла, свайво мужа будзіла.
Ты ўстань, устань, Ваня, устань, буйна гылава.
Устань, буйна гылава, к нам прыехала радня
Атайдзі, жана няміла, вся радня твая наміла,
Я заплакала заныла на крылечэк выхадзіла,
Нэ крылечэк выхадзіла с родным братэм гэварыла,
Ох вы браццы майі, браццы родненькійі.
Пыязджайці, ні паздайці, в лясу цёмным(ы) ні начуйце.
Вы связіце па паклону всім радзіцілім майім.
Ні забуцці пра йід(ы)ную прэ маю маму радную,
А яшчо пра еднова пры маёва любезнова.
Ох ты, зімушка-зіма, зіма лютая была,
Завеіла, занясло все дарожкі, лужкі,
Всі дарожкі, лужкі, все крутыйі беряжкі.
Негдзе моладцу прайціць.

Запісаў М. А. Козенка ў 1998 г. у г. п. Лынтупы Пастаўскага р-на ад Сцефаніды Афанасьеўны Барысавай (Шубінай), 1926 г. н. (нар. у в. Свіркай Свянцянскага р-на, Літва), стараверскага веравызнання. (Асабісты архіў М. А. Козенкі).

25. Во лузях(ы)
(«крутуха»)

♪=157

З.(э)Ра — сцвя-лі, ра — сцвя-лі
ра-сцвя-лі цвя-ты а-зо-рлі-вы-я, ра-сцвя-лі цвя-ты а-зо-р(ы) лі-вы-я

Во лузях(ы), во лузях,
Во лузях(э), ва зялёных лузях,
Ва лузях, ва залёных лузях.
Вырастала, вырастала,
Вырастала трава шолкавая да
Вырастала трава шолкавая.
Расцвялі, ой, расцвялі
Расцвялі цвяты азорлівыя й,
Расцвялі цвяты азорлівыя.
Вот я эту, вот я эту,
Вот я эту траву выкашу касой,

Вот я эту траву выкашу касой.
Спакармлю я, спакармлю
Спакармлю сібе ворана каня,
Спакармлю сібе ворана каня.
Паваду я, паваду й,
Паваду я каня к бацюшкі,
Паваду я каня к роднаму.
Мой бацюшка, мой бацюшка,
Ой, ты, бацюшка, ацец рад(э)ной,
Ой, ты, бацюшка, ацец рад(э)ной.

Запісаў М. А. Козенка ў 1998 г. у в. Каўшэлева Шаркаўшчынскага р-на ад Фаміной Галіны Рыгораўны, 1937 г. н. (нар. у в. Барсучына Шаркаўшчынскага р-на), стараверскага веравызнання. (Асабісты архіў М. А. Козенкі).

26. Ва лузях(э)
(«хараводная»)

♪=122

1. Ва лу-зя-х(э), ва лу-зя-х,
ва-лу-ва-лу-ва-лу-ва-лу-ва-лу-зях, (а)вы-рас-ла да тра-ва шо-л(ы) ка-ва-я.

Ва лузях(э), ва лузях(ы).
Ва лу, ва лу, ва лу ва лузях
Выросла да трава шолкавая.
Вырасла да, вырасла,
Вырасла да трава шолкавая,
А я эту т(ы)раву выкушу касой,

А я эту т(ы)раву выкушу касой.
Выкашу да, выкашу,
А я эту траву выкашу касой,
Выкашу, да ево высушу.

Запісалі У. Я. Аўсейчык, В. В. Барышнікава 26 снежня 2021 г. у г. Браслаў ад Кірыакіі Канстанцінаўны Лаўрэнавай (Івановай), 1933 г. н. (нар. у в. Самуйлы Браслаўскага р-на), стараверскага веравызнання. (Асабісты архіў В. В. Барышнікавай).

27. Заінька серый
(«крутуха»)

2. Ня топай нагою, не лягу с табою,
лягу я с(ы) Іванам пад белым кафтанам.

Заінька серый, ня бегай па сені,
Ня бегай па сені, ня тупай нагою,
Ня топай нагою, не лягу с табо[ю]
Лягу я с(ы) Іванам пад белым кафтанам.
[Ля]гу я с(э) Іванам(э) пад белым(ы) кафтана[м],
[Ля]гу я с Алёшэй пад шубай харошэй.
Лягу я с Алёшэй пад шубай харошэй.

Запісала В. В. Барышнікава 24 кастрычніка 2020 г. у в. Германавічы Шаркаўшчынскага р-на ад Тамары Адамаўны Рабіза, 1923 г. н. (нар. у в. Балбекі Шаркаўшчынскага р-на), праваслаўнага веравызнання. (Асабісты архіў В. В. Барышнікавай).

28. Заінька серый
(«крутуха»)

Ня то-пы-(й) на-го-ю, ні ля-гу с та-бо-ю,
я ля-гу с Алё-шам пад шу-бай ха-ро-шэй.

    Зайінька серый, ні хадзі па сену,
    Ні хадзі па сену, ня топай нагою. ×2
    Ня топый нагою, ні лягу с табою,
    Я лягу с Алёшам пад шубай харошэй.
    Буду ліжаць, думаць, па што мілый любіт,
    Ілі я прыгожэя ілі я харошэя.
    Сама сабой хараша, лічынькам бяленька,
    Лічынькам бяленька, шчочкам румяненька.
    А в нашэва кума, кума маладова
    Сапраці варота возіра глыбока.
    Возіра глыбока, фсякай рібы многа,
    Первыя сялюга, втарая бялюга.
    Чаво, мілый, едзіш, ка мне ні заедзіш,
    Чаво, мілый, ходзіш, ка мне ні заходзіш.
    Рад бы зыязджаці, некыва ўпрагаці,
    Мае сіўкі-буркі стаят в Піценьбуркі.
    Новые ўздэчкі вісят на гваздэчкі,
    Маляваны сані стаят на базары.

Запісалі І. Дз. Назіна і Л. М. Салавей у 1988 г. у в. Каралева Шаркаўшчынскага р-на ад Марыі Сяргееўны Атрахімовіч, 1919 г. н., каталіцкага веравызнання. (АІМЭФ НАНБ, ф. 20, воп. 88, с. 008).

29. Заінька серай
(«крутуха»)

Заінька серай, ні хадзі па сенім,
Ні хадзі па сенем, ня тропый нагою, ×2
Ня тропый нагою, я лягу с табою.
Лягу я й с Іванам пад серым кафтанам,
А ішчо с Алёшай пад шубай харошай.
Буду й ляжаць, думаць і за што мілы любіт,
Ілі я харошая ды ілі я прыгожая.
Сама сабой й хараша, лічыкам бяленька
Лічыкам бяленька, шчочкам румяненька.
Што ў нашэва кума, кума маладова
Сапраці варотаў возера глыбока
Возіра й глыбока, всякай рыбы многа.

Первая сялюга, другая бялюга.
Гдзе жэ бы мне сесці, гэту рыбку з'есці?
Буду ж я й сідзеці, дружка ажыдаці.
Дружка ажыдаці, у глазы пяняці.
Што ж ты, мілый, ходзіш (ы),
                ка мне не заходзіш?
Што ж ты раз'яжджаіш, міня ні катайіш?
Рад бы я й катаці, некава ўпрягаці.
Маляваны сані стаят на базарі.
Залата й уздзечка ды вісіт на гваздзечку,
Конікі на пашы, дзеўкі на кірмашы.
Конікі гарцуют, дзевушкі танцуют.

Запісаў М. А. Козенка ў 1998 г. у в. Каўшэлева Шаркаўшчынскага р-на ад Фаміной Галіны Рыгораўны, 1937 г. н. (нар. у в. Барсучына Шаркаўшчынскага р-на), стараверскага веравызнання.
(Асабісты архіў М. А. Козенкі).

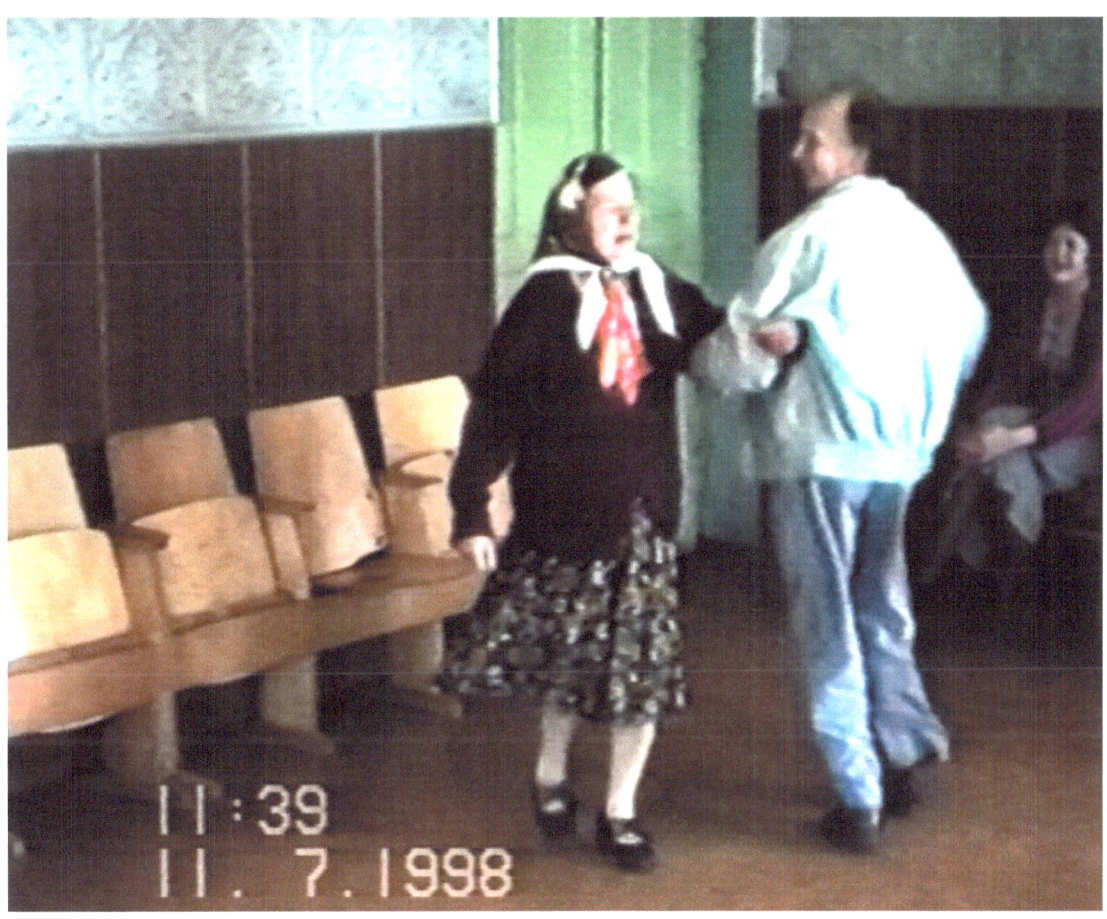

Фота 20. Г. Р. Фаміна і М. А. Козенка выконваюць крутуху «Заінька серай», в. Каўшэлева Шаркаўшчынскага раёна. 1998 г.

30. Дзе ш ты была, Кацінька?
(«каравод пад язык»)

2. На гу-ляд-ні, ба-це-нь-ка(й), нэ гу-ляд-ні, ба-це-нь-ка(й), ро-за, ро-за, ро-за, ба-це нь-ка(й), ро-за, ро-за, ро-за, ба-це-нь-ка.

— Дзе ш ты была, Кацінька й,
Роза-роза-роза, Кацінька ×2 *
— Нэ гулядні, баценька.
Роза-роза-роза, баценька.
— Чым плаціла, Кацінька й
— Всё дзяньгамі, бацінька й.
— Где ш ты брала, Кацінька й?
— У цібя лі, бацінька й.
— Гдзе ж ты прятыла, Каценька й?
— Всё пад камішэк, баценька.
— В этым камню агню нет,
— В нашых мальцых праўды нет,
— А в дзявчатках заўсягда.
— Нашы мальцы ў бышкачках,
— А дзявчаткі в сыпажках,
— Нашы мальцы шам ды шам,
— А дзяўчаткі стук ды стук.

Запісаў М. А. Козенка ў 1998 г. у г. п. Лынтупы Пастаўскага р-на ад Сцефаніды Афанасьеўны Барысавай (Шубінай), 1926 г. н. (нар. у в. Свіркай Свянцянскага р-на, Літва), стараверскага веравызнання. (Асабісты архіў М. А. Козенкі).

31. Между саду-вінаграду

Между саду-вінаграду дзьве дзеўкі гуляют(ы),
Яны ходзют-гуляют, мальцэў выбірают. ×2
Распажалустэ, мальчішкі, с(ы) намі пагуляці,
Мы саскучылі без вас(ы) па саду гуляць.
Ай, буду сь мілым гуляці, у глазы пеняці,
Што ж ты, мілый, харошый, у глазах ліцамеріш?
Я й люб(ы)лю цібя, жалею, а ты мне ня веріш(ы),
Верю, душэнька драгая, верю і жалею й.
За любоў тваю д(э)рагую сем раз пацалую,
Перядумаю апяць — пацалую дваццаць пяць.

Запісаў М. А. Козенка ў 1998 г. у в. Каўшэлева Шаркаўшчынскага р-на ад Фамінай Галіны Рыгораўны, 1937 г. н. (нар. у в. Барсучына Шаркаўшчынскага р-на), стараверскага веравызнання. (Асабісты архіў М. А. Козенкі).

32. Воддаль сада-вінаграда

Воддаль сада-вінаграда два парня гуляют,
Аны ходзют(ы), гуляют, дзевык выбірают. ×2
Распажалуйцесь, дзевчаткі, с намі пагуляці.
Мы саскучылі без вас(ы) па саду гуляці,
Буду сь міленькім гуляць і в глазы пяняць.
Што ж ты, мілай, расхарошый, в глазах ліцамеріш?
Я люблю цібя, жалею, а ты мне ня веріш.
Верю, душэчка, драгая, верю і жалею,
За любоў тваю драгую сем раз пэцалую.
Расцалую, размілую, а большы ня буду,
Большы большы я ня буду, здзесь я стынавлюсь.
Здзесь я, здзесь я стынав(ы)люся, с вамі рыспрашчуся,
С вамі, с вамі, рыспрашчуся, сама проч пайду.

Запісаў М. А. Козенка ў 1998 г. у г. п. Лынтупы Пастаўскага р-на ад Сцефаніды Афанасьеўны Барысавай (Шубінай), 1926 г. н. (нар. у в. Свіркай Свянцянскага р-на, Літва), старавэрскага веравызнання. (Асабісты архіў М. А. Козенкі).

33. На гарэ Ваня стаіт

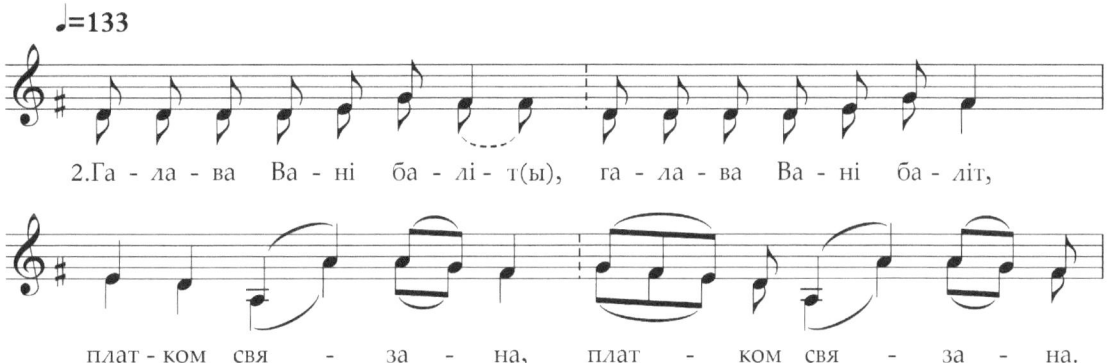

На гарэ Ваня стаіт, ×2
Галава баліт
Галава Вані баліт,
Платком связана,
Всё ня абы-якім платком,
Всё шалковенькім,
Паўчыць была Ванюшу,
Как ка мне хадзіць,
Как ка мне, Ваня, хадзіць,
Как міня любіць,
Ты ня днём, Ваня, хадзі,
Вечарыначкай,
Ты ня голасам крычы,
Салаўём свішчы,
Штобы я млада дзяўчонка,
Здагадалася,
Са весёлаю бяседай,
распрашчалася,

Я бяседушке скажу:
Галава баліт,
Роднай маменьке скажу,
Што я ўся бальна,
Ка мілому я іду,
Здаравёшэнька,
Ат мілова я іду
Весялёшэнька,
Звісяліл міня Ванюша,
В зеляном саду,
В зеляном саду-садочку,
Сладкай водачкай,
Я ня з румачкі піла,
Са ўсяво ведра.
Са ўсяго ведра-вядзёрка,
С поўнага да дна.

Запісаў М. А. Козенка ў 1998 г. у в. Каўшэлева Шаркаўшчынскага р-на ад гурта «Купалінка» Каўшэлеўскага СДК. (Асабісты архіў М. А. Козенкі).

34. Ой, каваль мой, кавалёчак

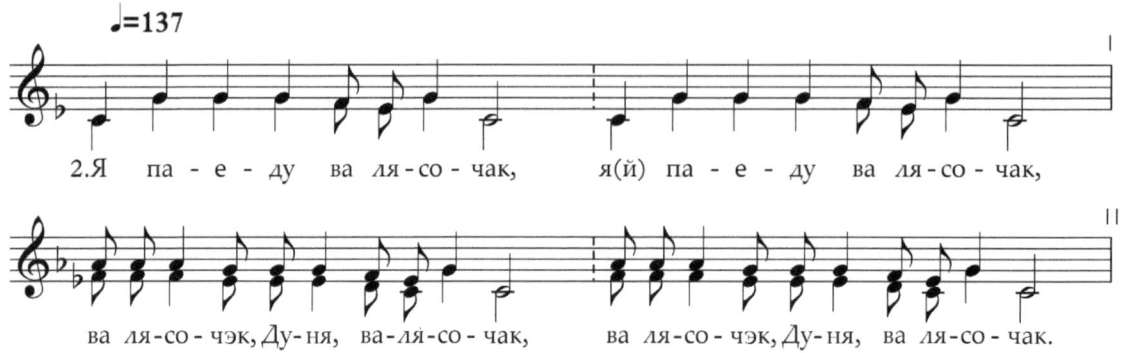

Ой, каваль мой, кавалёчак, ×2
Кавалёчак, Дуня, кавалёчак.
Я паеду ва лясочак.
Ва лясочак, Дуня, ва лясочак,
Там я высеку дубочак,
Ой дубочак, Дуня, во й дубочак.

Я пастрою цірямочак,
Цірямочак, Дуня, цірямочак.
Пасажу я туда Дуню,
Штоб сідзела Дуня, штоб сідзела.
Дуні серца ні балела,
Ні балела, Дуне, ні балела.

Запісаў М. А. Козенка ў 1998 г. у в. Каўшэлева Шаркаўшчынскага р-на ад гурта «Купалінка» Каўшэлеўскага СДК. (Асабісты архіў М. А. Козенкі).

35. Пры ўдаліны куст малінавый стаял

1.Пры ўда-лі-ны куст ма-лі-на-вый ста-ял, на ка-лі-ны са-ла-ве-юш-ка сі-дзе-л

Пры ўдаліны куст малінавый стаял,
На каліны салавеюшка сідзел. ×2
Каліну горьку ягаду кляваў.
А малінаю закусывалі.
Прыляталі к салаўю два сакала.
Узялі-бралі саловушку с сабою.
Пасадзілі ево ў клетачку.
За сярэбряну ряшотачку ево.
Застаўлялі саловушку песню пець,
Хош пой, самы ўслед за йім сматрець,
Міня дзевіцу ругают і бранят,
Добрых молыйцаў расхваліваюць,
Чырнабровіе ссушылі малайца,
Звесялюткі пракрушылі да канца,
А ў бару дзеўка стаяла с малайцом,
Стаяла й разгаварывала,
Сваево дружка распрашэвала,
Ці паедзеш ва Кітай-горад гуляць,

Кітайскава тавару пакупаць,
Адно плаціца розавая,
А другое калінкоравая й,
Роза плаціца ад солніца гарыт.
Калінкор белый мараецца й.
Маё ліца разгараецца й.
Эй, разгарыцца і не возьмецца яно.
Прыду дамой, дагадаюся.
А чаво маё бело ліцо гарыт.
Всё ня ат чаю, ня ат кофію яно,
Всё ат сладзенькай воточкі,
Слатка воточка й анісавая,
Маё кролечкай распісаная,
Распісана, разрісована яно,
Прімудрым самаўсажэная,
Цэлаваць дружку пріказаная,
Цалуй раз і цалуй два,
Ды хоць і пяць, то ні беда!

Запісаў М. А. Козенка ў 1998 г. у в. Каўшэлева Шаркаўшчынскага р-на ад Фамінай Галіны Рыгораўны, 1937 г. н. (нар. у в. Барсучына Шаркаўшчынскага р-на), стараверскага веравызнання. (Асабісты архіў М. А. Козенкі).

36. Міленькій, маленькій

1. Мі-лень-кій, ма-лень-кі-й, рас-ха-ро-шый, вда-лень-кій, а мой мі-лень-кі ха-рош, хоць за па-зу-ху па-лож.

Міленькій, маленькій, расхарошый, вдаленькій,
А мой міленькі харош, хоць за пазуху палож. ×2
Палажыла б за душу, но баюся занашу й.
Я ня мілава клала й, русу косу чэсала.
Ні русу касу часала, дружка ў госці звала.
Заўтра празнічык, Іван, я настаўлю самавар,
Наставіўшы самавар, дружку весьачку пашлю й.
Прыдзі, мілый, вічарком, напаю цібя чайком,
Чаю с мёдам напаю ды на краваць спаць палажу.
Спі, мой міленькій, харош, і воташка ў галавах,
Мне дзяўчонкі ноч бальшая, прастаяла ў нагах.
Свечка сальная згарела у майіх белых руках,
На заре яму сказала: «Устань, мой мілы, прабудзісь».
Міня мама рана будзіт, за цібя браніцца будзет,
Маманька, золацца, ні брані за молайца.
Еслі ж ты будзеш браніць, я тайком буду любіць.
Такім жа патайком, позна-позна вечарком,
Позна-позна вічарінкай біла мама качарінкай,
Тоненькый, ялловенькый, за цібя, мой родненькый.
Тоненькый, асінывай, за цібя, красівый мой,
Міня мама ні набіла, сабе шкоды нарабіла.
Па-за печу паганяла, качарешку паламала,
Жыл-был маладзец, у бальшой дзяревні.

Ня імел маладзец радасці, вяселья,
У другую піряехал, стал он весяліцца.
Зарастай, мая дзярэўня, гарамі, барамі,
Гарамі, барамі, крутым бірягамі.
Штобы в этай у дзярэўні дзеўка чэрнабровая,
Сама сабой дзівілась, што млада радзілася й.
Па-за гору дзяўчоначка вадзіцу насіла,
Ні с вядзёр вада льёцца, дзевушка смяёцца.
Мальчышэчка разудалый в акошэчка смотріт,
Он смотріт разудала, ціжало ўзыхайіт,
Ні мая лі сударынька вот такая была?
Такая яна была інных ні любіла.
Ана інных ні любіла, міня іссушыла,
Іссушыла русы кудрі са буйной галавой.
Пазаставіла шатацца (й) на чужой старане.
Чужа, дальняя старонка мне смалёшаньку міла,
Вот міла і вот міла, дзеўка парня правяла.

Запісаў М. А. Козенка ў 1998 г. у в. Каўшэлева Шаркаўшчынскага р-на ад Фамінoй Галіны Рыгораўны, 1937 г. н. (нар. у в. Барсучына Шаркаўшчынскага р-на), стараверскага веравызнання. (Асабісты архіў М. А. Козенкі).

37. Заінька па сенюшкам хадзіл

1. За-інь-ка па се-нюш-кам ха-дзіл, гу-лял, гу-ля-л,
се - рый па но-вень-кім раз-гу-лі-вал, гу-лял.

Заінька па сенюшкам хадзіл, гулял, гулял,
Серый па новенькім разгуліваў, гулял.
Гдзе ж бы мне, заінькі, выпрыгнуці,
Сераму, бе[ламу] выскачыці,
Сераму, беламу выпрыгнуці?
Сапроць семера варот крэпка заперта стаят,
А ў кажыных варот і па тры стоража стаят.
Ох, ключнічкі, ды мае дружнічкі,
Палкоўнічкі ды палюбоўнічкі,
Мінаральшычкі да цылавальшчэчкі,
Ні насіла я шалку, ды ніхачу і кумачу.
Хачу січчыку ды палясясцінькава.

Взял ба парачку за ручаньку за правінькаю,
Яшчо пара дабаўляіцца,
У карагод яна спяшайіцца й.
Каля рэчанькі хадзіла малада.
Мелку рыбіцу лавіла малада й,
Мелка рыбіца ня ловіцца,
Акунёчкі пападаюцца й.
Как увідзілі ребятушкі,
Расказалі маей матушкі.
Мая й матушка ні ліха ні брала,
Нікакова мне атвета ні дала.

Запісаў М. А. Козенка ў 1998 г. у в. Каўшэлева Шаркаўшчынскага р-на ад Фамінай Галіны Рыгораўны, 1937 г. н. (нар. у в. Барсучына Шаркаўшчынскага р-на), стараверскага веравызнання. (Асабісты архіў М. А. Козенкі).

38. Насця мыла фартух

Насця мыла фартух в сваём зеленам саду,
Калінка мая, мая малінка мая й. *
Насця мыла, паласкала, на ваду фартух пускала,
Што гарушачкай-гарой ішол парэнь маладой.
Йішол парэнь маладой, ні жанаты, халастой,
Й ні жанаты, халастой, нёс гітару пад палой,
Нёс гітару пад палой, а другую пад другой,
Йі начал Ванюшка іграць, пашла Насця танцаваць,
Пашла Насця танцаваць, увідала её маць,
Ды ўвідала её маць, пачала Насцю ругаць.
Ай, ты, маманька мая, да ні ругала ты міня,
Ні ругала ты міня, кагда малая была,
Кагда малая была й папярёк лаўкі спала,
Папярёк лаўкі спала й, удоль пасіжывала,
А ціперь я веліка, мне старайся жэніха й,
А й ні старова, ні малова, парнішычку маладова й,
Штобы вотачку ня піл, папіросы не курыл,
Папіросы ні курыл, чужых жонак ні любіл,
Чужых жонак ні любіл, міня дома ні журыл.

Запісаў М. А. Козенка ў 1998 г. у в. Каўшэлева Шаркаўшчынскага р-на ад Фамінай Галіны Рыгораўны, 1937 г. н. (нар. у в. Барсучына Шаркаўшчынскага р-на), староверскага веравызнання. (Асабісты архіў М. А. Козенкі).

39. Са в'юном(ы) я йіду

Са в'юном(ы) я йіду, с зеляным(ы) я іду,
Я не знаю, куда в'юн палажыць. ×2
Пэлажу я вюн(ы),
Палажу я в'юн на правая плячо.
А са правыва,
Я са правыва на лева палажу
Ка міло друшка,
Ка міла друшка веду, веду, веду
Я за ручаньку,
Я за ручаньку любезнава бяру
Воддаль горэнькі,
Воддаль горенькі любезнава вяду,
Трі славечушка,
Трі славечушка сказаць ні магу,
Рыспрашчашчаюся,
Рыспрашчаюсь, сама проч пайду.

Запісаў М. А. Козенка ў 1998 г. у г. п. Лынтупы Пастаўскага р-на ад Сцефаніды Афанасьеўны Барысавай (Шубінай), 1926 г. н. (нар. у в. Свіркай Свянцянскага р-на, Літва), стараверскага веравызнання. (Асабісты архіў М. А. Козенкі).

40. Ішол Ваня дэліною

Ішол Ваня дэліною, ішол Ваня дэліною,
Чужую мяжою. Нападает белый снег на талэю землю.
Ныпадает(ы) белый снег на талыю землю,
Ваня берет зажымайіт ком белова снега. ×2
Он кідайіт-брасает Дуняшы в акошка:
Ізволь, Дуня, дыгадацца, на крылечык выйці.
Дуня к Вані выхадзіла, речы гываріла
Ціперь Ванюшка не время, сыйчас ні слабода –
Майво бацюшкі госці, а ў мамашы сёстры,
Майво братцы мыладцы, а ў міня падружкі.
С-пад акна Ваня пашол гарячо заплакал.
Ваня плачэт, рыдает, некэва любіці.
Пачасцей, Ваня, хадзі, пабольшэ насітка.
Еслі многа прінясёш, любіць цібя буду,
Еслі мала прінясёш, саўсём пазабуду

Запісаў М. А. Козенка ў 1998 г. у г. п. Лынтупы Пастаўскага р-на ад Сцефаніды Афанасьеўны Барысавай (Шубінай), 1926 г. н. (нар. у в. Свіркай Свянцянскага р-на, Літва), стараверскага веравызнання. (Асабісты архіў М. А. Козенкі).

Фота 21. Сям'я Фёдаравых, в. Тулава Шаркаўшчынскага р-на, 1970-я гг. Фота з сямейнага архіва В. Барышнікавай.

Лірычныя песні

Умоўна-прымеркаваныя і непрымеркаваныя песенныя прыклады
№№ 41–45

Песня «Серые гусі маі» (№ 41) — адна з самых ранніх аўдыяфіксацый, змешчаных у выданні (запісана ад С. Ц. Клачонак у 1971 г.). Каментуе аўдыязапіс палявы дзённік Л. М. Салавей (фота 21), у якім ёсць назіранні адносна рэпертуару і манеры спеву стараверў, а таксама звесткі пра ўзрост спявачкі: «80 год, а можа і больш»[19]. З гэтага вынікае, што С. Ц. Клачонак была 1890-х гадоў нараджэння, што, безумоўна, робіць яе найстарэйшай спявачкай, голас якой можна пачуць у калекцыі.

Л. М. Салавей каментуе дадзены прыклад як «вясельная, як маладуху вязуць да маладога». Варыянт дадзенай песні зафіксаваны С. А. Алёнкіным у стараверў Латвіі ў якасці лірычнай пазаабрадавай[20]. Агулам прымеркаваныя да вяселля лірычныя працяжныя песні любоўнай тэматыкі сустракаюцца ў музычным фальклоры стараверў Латвіі, Літвы, Польшчы, Беларусі. Гэта абумоўлена досыць познім фарміраваннем уласна вясельнага абраду ў стараверў-беспапоўцаў, якія доўгі час не прызнавалі абраду вянчання.

Фота 22. Экспедыцыйныя запісы Л. М. Салавей і П. І. Карузы. Паўночна-заходняя фальклорная экспедыцыя Інстытута мастацтвазнаўства, этнаграфіі і фальклору АН БССР 1971 г. у Пастаўскі і Браслаўскі раёны. АІМЭФ, ф. 8, воп. 2, спр. 39, сш. 2, с. 75.

---

[19] Экспедыцыйны сшытак Л. М. Салавей і П. І Карузы (АІМЭФ, ф. 8, воп. 2, спр. 39, сш. 2, с. 75).
[20] Оленкин, С. А. Русский и белорусский фольклор в Латвии на рубеже тысячелетий // С. А. Оленкин. — Кн. 1 : Песни, причеты и духовные стихи, записанные у русских староверов Латгалии, латгальских белорусов, русских православных жителей псковско-латвийского пограничья. — 2017. — С. 33.

Фота 23. Вясельны фотаздымак Фёдаравых Ананія Іванавіча (1912–1994 гг.) і Ганны Афанасьеўны (1918–1966 гг.), в. Тулава Шаркаўшчынскага раёна, 1930-я гг. Фота з сямейнага архіва В. В. Барышнікавай.

Шырока распаўсюджана ў асяроддзі стараверў была традыцыя крадзяжу нявест («шлюбу ўводам»[21]) падчас кірмашоў: «*На масленіцу мы нічога такога не рабілі, гэта маскоўскі такі празнік: маскалі дзевак кралі, вот яны і ўстрайвалі, а мы да гэтага ні касаліся*»[22], «*Бывает, што і парень девочку украдёт*»[23].

Такія шлюбы не суправаджаліся спецыяльным вясельным абрадам, аднак існавала традыцыя прыезду маладых пасля тыдня сумеснага жыцця да бацькоў маладой.

Дадзены звычай меў назву «на хлебіны»:

— *Я ўжо выхадзіла замуж на хлебіны, я бяз свядзьбы.*

— *А што такое на хлебіны?*

— *Ну... нядзелю атжыўшы. Ён мяне сам прівёл ціхонька.*

— *А так можна была раньшэ?*

— *Проста пашла і ўсё.*[24]

Пазаабрадавы рэпертуар у зборніку прадстаўлены самымі распаўсюджанымі ў асяроддзі стараверў прыкладамі позняй лірыкі: песняй «Не садзісь, пташка, на ветку» (№ 42) і рамансам «Чудный месяц» (№ 43). Завяршаюць выданне прыклады сольнага мужчынскага спеву ў выкананні Я. Н. Нікіціна: салдацкая песня часоў Другой сусветнай вайны «Кагда я мальчыкам радзілся» (№ 44) і жартоўная песня «Как я была мала-мала» (№ 45).

---

[21] Філіпенка, У. С. Вясельная абраднасць стараверў-беспапоўцаў Беларусі (па этнаграфічных матэрыялах апошняй чвэрці ХІХ стагоддзя) / У. С. Філіпенка // Старообрядчество как историко-культурный феномен : материалы междунар. науч.-практ. конф. — Гомель : ГГУ, 2003. — С. 284.

[22] Фальклор Міёршчыны: Каляндар. святоч.-абрадавыя традыцыі Міёр. р-на Віцеб. вобл. / Літ. апрац. В. І. Басько. — Мінск : БелДІПК, 2002. — С. 17.

[23] Фальклор Міёршчыны: Каляндар. святоч.-абрадавыя традыцыі Міёр. р-на Віцеб. вобл. / Літ. апрац. В. І. Басько. — Мінск : БелДІПК, 2002. — С. 18.

[24] Зап. В. В. Барышнікава і П. М. Цалка ў 2021 г. у в. Ніўнікі Мёрскага раёна ад Нікіцінай Зінаіды Цімафееўны, 1940 г. н., старавер-скага веравызнання. (Асабісты архіў В. В. Барышнікавай).

41. Серые гусі майі

(«вясельная, як маладуху вязуць да маладога»)

Серые гусі майі (й), на палёці ляцяць дамой, мой любезный д(ы)ружок(э) на пуці.
У слязах(ы) дружка я прасілася хош ням(э)ножэчка з табой пажывём.
Хоц(і) ням(э)ножэч(ы)ка й ні маленечка, вяр(ы)нуеш на с(ы)вой гадок.
Ты раз(ы)душанька, размілашэчка, невазможна с табой стала жыць.
А все вы радзіцелі велят бросіць, бросіць, кінуць с намі пажывём.
Я таг(ы)да цібя я забуду, каг(ы)да скроюцца маі глаза.
Пріўнак(ы)роют(ы) жа глазы ясные тонкім(ы) белым тонкім пылатном.
Прінасыпют(ы) жа цела грязнае з гор жолтым, з гор(ы) жоўтым белым пяском.

Запісала Л. М. Салавей у 1971 г. у в. Мяжаны Браслаўскага р-на ад Сцепаніды Цімафееўны Клачонак, («80 год, а можа і болей». — Л. М. Салавей), стараверскага веравызнання.
(АІМЭФ, ф. 8, воп. 2, спр. 39, сш. 2).

42. Не садзісь, пташка, на ветку

Не садзісь, пташка, на ветку, ты не знаеш, што на ней,
Злой лавец паставіл клетку д(ы)ля пагібелі тваей.
Клетачька как(ы) жар(ы) гарела, в(ы) ней пшеніцы м(э)нога есть,
В ней пшеніца і вадзіца вся нетрогана стаіт.
С тех я пор, пцічька, таскую, с тех пор песен ні паю
І заботлівай весною в рошчэ гнёздышка не вью.

Запісалі У. Я. Аўсейчык, В. В. Барышнікава 26. 12. 2021 г. у г. Браславе ад Кірыакіі Канстанцінаўны Лаўрэнавай (Івановай), 1933 г. н. (нар. у в. Самуйлы Браслаўскага р-на), стараверскага веравызнання. (Асабісты архіў В. В. Барышнікавай).

43. [Ч]удный месец плывёт над рекою

[Ч]удный месец плывёт над рекою, ой всё в аб'яці начной цішыне,
Ай, нічэво мне на свеці не нада, ай, толька відзець цібя мілай мой. ×2
Толька відзець цібя бесканечна, ай любавацца тваёй красатой,
Но ўвы каратки нашы встречі, ой, ты спешыш на свіданья с другой
Ой, ты ідзі, пусць ад(э)на я старадаю, ой, пусць напрасна валнуйіцца грудзь.
Длі каво я жыла і стадала, ой, [д]лі каво я всю атдала?
Ты паклял(ы)ся любіць меня вечна, ай, как галубку, ласкал ты міня.
А ціпер(і) ты нацешался мною, ой, насміхаясь всю жызьнь загубіл…

Запісалі М. П. Панько́ў і П. П. Панько́ў 28. 05. 1995 г. у в. Ніўнікі Мёрскага р-на ад Ярона Нікіфаравіча Нікіціна, 1924 г. н. і Феадосіі Агафонаўны Паньковай, 1920 г. н., стараверскага веравызнання. (Асабісты архіў У. П. Круміна).

Фота 24. Нікіціны Міранія Цярэнцьеўна (1922–2007 гг.) і Ярон Нікіфаравіч (1924–2003 гг.), 1950-я гг. Фота з сямейнага архіва У. П. Круміна.

44. [Кагд]а я мальчыкам(ы) радзіл(ы)ся

[Кагд]а я мальчыкам(ы) радзіл(ы)ся і пулімёчыкам вазрос. ×2
Наш пулімёт в баю гарячый, он ні стывайіт(ы) нікаг(ы)да,
І нашы танкі быстра ходзют, ані сё время в(ы)піредзі,
А ў крысцэ ваенный школы стайіт дзеўчонка са слезой:
Куда-куда, казак, ты едзіш, куда ты дзер(ы)жыш сваю пуць?
Быць можэт еду я на в(ы)ремя, быць можэт, еду наўсег(ы)да,
Быць может вражэская пуля разрубіт голаву маю,
А з галавы маёй разьбітай пальёцца кроў мая руч'ём.
Ніхто над кроўю ні зап(ы)лачэт, ніхто слязін(ы)кі ні пральёт.
Заплачэт маць мая старушка, заплачэт жынка й малада,
Жана найдзёт сібе другова, а маць сыночка нікаг(ы)да

Запісалі М. П. Паньхоў і П. П. Паньхоў 28.05.1995 г. у в. Ніўнікі Мёрскага р-на ад Ярона Нікіфаравіча Нікіціна, 1924 г. н., старавзрскага веравызнання.
(Асабісты архіў У. П. Круміна).

...невольнички темной тюрмы
...я ножком стенки не отобью
...воим белом рученьком
...амка не отомкну.

1942 г.

...алесье.

Песня "О племетчику"

Когда я мальчиком родился
И племетчиком возрос
Мы в бой поедим на машине
И пулемёт с собой возмём
Наш пулемёт в бою горячий
Не остывает не когда.
Наши знамена боевые
Они все время впереди
А у ворот военной школы
Стоит советский часовой
А у крыльцу военной школы
Стоит красотка со слезой

Фота 25. Аркуш з сшытка старавера А. Ціханава "Песня о племетчику", в. Залессе Глыбоцкага раёна, 1942 г. Фота з архіва музея Залескай сярэдняй школы Глыбоцкага раёна.

45. [Как] я была мала-мала

[Как] я была мала-мала, как я была мала-мала,
Как я была мала-мала, калыхала міня мам[а]. ×2

Как я стала падрастаць, как я стала падрастаць,
Как я стала падрастаць, сталі хлопцы калыхаць. ×2

Калыхалі міня хлопцы, калыхалі міня хло[пцы],
Калыхалі міня хлопцы, то ў калысцы, то ў кароб[цы]. ×2

Пасылала міня маць, пасылала міня маць,
Пасылала міня маць зялёныя жыта жаць ×2

А я жыта ня жала, а я жыта ня жала,
А я жыта ня жал[а], у баразёнкі ляжал[а], ×2

Пасылала міня маць, пасылала міня маць,
Пасылала міня маць па белую глінку. ×2

Запісалі М. П. Паньскоў і П. П. Паньскоў 28.05.1995 г. у в. Ніўнікі Мёрскага р-на ад Ярона Нікіфаравіча Нікіціна, 1924 г. н., стараверскага веравызнання. (Асабісты архіў У. П. Круміна).

А я ей прінясла, а я ей прінясла,
А я ей пріняс[ла] малаю дзяўчынку. ×2

Ах ты, маменька мая, ах ты, маменька мая,
Ах ты, маменька мая, вот цібе наука. ×2

Калыхала ты міня, калыхала ты міня,
Калыхала ты міня, калышы і ўнучку. ×2

Прігаварівала, прігаварівала,
Штоб нікому ні давала, ні паказэвала. ×2

Кіну-ріну я періну, кіну ріну я пєрін[у],
Кіну-ріну я пєрін[у], сама ўеду на Украін[у] ×2

Там меня нікто не знает, там меня нікто не зна[ет],
Там меня нікто не зна[ет], за дзяўчонку пашчытают. ×2

Музыкальный фольклор староверов

Издание «И раньше так пели. Музыкальный фольклор староверов северо-западной Беларуси» появилось на свет как память о деревенских певцах-староверах западного Подвинья[1], пронёсших сквозь столетия своё богатое культурное наследие; как память о тех давних песнях, что бесследно исчезают вместе в уходом в лучший мир людей старшего поколения.

Староверы северо-западной части Беларуси — это потомки русских переселенцев, вынужденных бежать от преследований «за старую веру» в результате церковной реформы XVII в. Более 300 лет вместе с беларусами проживают староверы (старообрядцы) или, как называют их местные жители, «маскали»[2].

Закрытый образ жизни староверов долгое время способствовал сохранению их культуры внутри общины. Однако социально-исторические процессы второй половины XX в. не минули и старообрядчество: староверы переезжали с отдаленных хуторов в большие поликонфессиональные деревни, вступали в колхозы, принимали участие в совместных обрядовых практиках календарно-земледельческого цикла, совместных танцевальных вечеринках, днёвках[3], и, самое существенное: староверы начали вступать в смешанные браки. Всё это естественным образом способствовало культурному взаимообмену между староверами и автохтонным беларусским населением, а также повлияло на этномузыкальную традицию староверов, которая на сегодняшний день является ярким локальным феноменом, что соединяет в себе коренное и заимствованное.

В сравнении с аналогичными исследованиями в странах Балтии и Польше целенаправленное изучение музыкального фольклора северо-западной Беларуси было начато относительно поздно. Экспедиционно-полевая деятельность автора данного исследования в 2018–2022 гг. выявила практическое отсутствие певиц, которые могут

---

[1] Территория западного Подвинья охватывает современные административно-территориальные границы Браславского, Глубокского, Мёрского, Поставского, Шарковщинского районов Витебской области и является местом компактного проживания староверов-беспоповцев

[2] Аўсейчык, У. Вобраз старавераў у фальклорнай традыцыі беларусаў Падзвіння (па матэрыялах XIX – пачатку XXI ст.) / У. Аўсейчык // Беларускі фальклор : матэрыялы і даследаванні : зб. навук. пр. – Мінск : Беларус. навука, 2022. — Вып. 9. — С. 83.

[3] Днёвки — праздничные гуляния молодёжи, приуроченные к престольным праздникам. Многие информанты связывают название «днёвка» с танцами, которые происходили именно днём, а не вечером, как было обычно заведено.

воспроизвести тексты песен или показать хореографические элементы. В памяти староверов остались преимущественно воспоминания о прежних песнях, обстоятельствах их исполнения, сезонной приуроченности и др. Поэтому подготовка издания требовала поиска аудиофиксаций музыкального фольклора староверов в архивах Беларуси, Литвы, Латвии. В результате в сборник вошли экспедиционные материалы многочисленных исследователей: В. Е. Овсейчика, О. В. Барышниковой, Т. Б. Варфоломеевой, Т. Л. Константиновой, Н. А. Козенко, И. Д. Назиной, Ю. А. Новикова, В. М. Прибыловой, Л. М. Соловей, В. Н. Чекмонаса, В. И. Елатова, которые находятся в государственных (Архив Института искусствоведения, этнографии и фольклора Национальной академии наук Республики Беларусь, Фоноархив этномузыки Белорусской государственной академии музыки, Диалектный архив центра геолингвстики Института литовского языка) и частных (личные архивы О. В. Барышниковой, Т. Б. Варфоломеевой, Н. А. Козенко, В. П. Крумина) архивах. Географическое происхождение записей представлено на Карте 1.

Сборник «И раньше так пели. Музыкальный фольклор староверов северо-западной Беларуси» содержит образцы календарно-обрядового, условно-приуроченного и неприуроченного песенного фольклора. В издании представлено 45 нотных и тестовых транскрипций, архивные и экспедиционные фотографии. Аудиозаписи песен сборника представлены на веб-странице https://ethnoby.org/staraviery/piesni.

Волочёбные песни

№№ 1–5

Календарно-обрядовый фольклор в издании представлен обходно-поздравительными волочёбными напевами. Несмотря на то, что все песенные образцы, за исключением №3, были записаны от женщин, участниками волочёбных гуртов были преимущественно мужчины. Их называли «христосники» (название наиболее распространено в Мёрско-Шарковщинском ареале) или «лаловники», «воловники», «волынщики», «валонщики» (данные наименования чаще всего встречаются на белорусско-литовском пограничье). Праздничный обход деревни гуртом волочёбников совершался на первый день Паски[4]:

«Сабіралісі даўней мужукі на Паску і пашлі па хатах. Запявала адзін, каторы знил. Пидходзют к акну і начанают запяваць. А ззадзі стаят — арава! А яшчо ззадзі стаіт карзінка і етат дрыстун[5], дзе яйкі сабірал.

І вот сабіраюцца, і паздраўляют, і "Добры вечар, паненачка", і складна. А ззадзі толькі яны: "Хрыстос воскрэс, Сын Божа!" І ў канцы канцоў: "Дожджык маніць — пара дарыць". Усё бралі: і водку бралі, і яічкі, і хто булку».[6]

---

[4] Паска — Пасха.
[5] «Дрыстун», «сярун» — название участника волочёбного гурта, который носил мешок с дарами от хозяев.
[6] Зап. О. В. Барышникова в 2018 г. в д. Королево Шарковщинского района от Василия Ананьевича Фёдорова, 1944 г. р., староверского вероисповедания. (Личный архив О. В. Барышниковой).

Функции участников обходного гурта отражены в текстах некоторых волочёбных песен:

*Пачыналінічку — бутылачку,
Маім брацам — па пятэчкі.
А дрістуну — адно яйцо.*[7]

Для территории западного Подвинья свойственно одновременное функционирование волочёбных напевов нескольких типологических групп. Данное явление характерно и для образцов, записанных от староверов. Однако в сборнике представлены образцы одного песенно-мелодического типа – наиболее распространённого в среде староверов (тип IV вол., по З. Я. Можейко[8]). Данные напевы имеют поэтическую форму AR, музыкальную форму ab, слоговую структуру 4+4, ритмическую форму строфы ♪♪♩:♩♪♪, рефрена — ♪♪♩:♩♪♪ («Хрістос васкрес, Сын Божый» (№№ 1, 3, 4) и «Васпойце, братцы, васпойце» (№№ 2, 5)).

Мелодико-интонационный комплекс части а мелострофы — пентахорд квинтового амбитуса (в образце № 3 с захватом сексты). Для мелодии характерен скачок на кварту с постепенным нисходящим заполнением к устою. Часть b (рефрен) в мелодико-интонационном плане представляет собой тетрахорд квартового амбитуса с субсекундой или субквартой. Для мелодической линии рефрена характерны скачки на сексту или кварту. Во всех образцах строфа завершается на II ступени, что создаёт ощущение «бесконечного мелодического круга» (З. Можейко) и незавершённости музыкальной формы. Что касается народной терминологии, то во время экспедиционного обследования Мёрского района белорусскими и латвийскими этномузыкологами[9] было зафиксировано определение данного типа как «маскоўскі Хрыстос»[10].

Опираясь на результаты диалектического анализа песенно-поэтических текстов, записанных от староверов белорусско-литовско-латвийского пограничья, литовский фольклорист Ю. А. Новиков пришёл к выводу, что волочёбные песни исполнялись староверами до эмиграции. Объяснял это исследователь тем, что «исторической родиной старообрядцев первой волны, осевших в Латгалии, на северо-востоке Литвы и северо-западе Беларуси, были южные районы обширной зоны псковских говоров»[11].

Путём картографирования волочёбных напевов беларусский этномузыколог

---

[7] Зап. Т. Б. Варфоломеева в 1997 г. в д. Пьевцы Браславского района от Фетинии Ивановны Смысловой, 1921 г. р., староверского вероисповедания. (Личный архив Т. Б. Ворфоломеевой).
[8] Можейко, З. Я. Календарно-песенная культура Белоруссии: опыт систем.-типол. исслед. — Минск : Наука и техника, 1985. — С. 96.
[9] Экспедиция в Мёрский район в 2009 г. осуществлялась студентами и преподавателями Белорусской государственной академии музыки, Латвийской академии музыки имени Язепа Витолы и сотрудниками НАНБ.
[10] Канстанцінава, Т. Л. З экспедыцыйных назіранняў над сучаснымі песенна-абрадавымі практыкамі каляндарна-земляробчага і сямейна-радавога цыклаў Міёршчыны / Т. Л. Канстанцінава, Т. Л. Бярковіч // Весці Беларускай дзяржаўнай акадэміі музыкі : навук.-тэатр. часопіс. — 2011. — № 18. — С. 6.
[11] Фольклор старообрядцев Литвы : тексты и исследование : в 3 т. Т. 3 : Народные песни. Частушки. Детский фольклор / издание подготовил Юрий Новиков при участии музыковедов Юрия Марченко, Ирены и Николая Захаровых. — Вильнюс : Издательство Вильнюсского педагогического университета, 2010. — С. 444.

Т. Л. Константинова обозначила распространение волочёбных напевов на северно-беларусских и смежных территориях (карта 2). Как видим, напевы типа IV фиксируются на беларусских территориях в местах проживания староверов-беспоповцев, а также в южной части Псковской области. Вполне вероятно, что данный песенно-мелодический тип мог эмигрировать вместе со старообрядцами в западные районы беларуского Подвинья.

Крутухи, хороводы, похадушки, крутеля

Образцы песено-хореографической традиции №№ 6–40

Выразительной особенностью этномузыкальной культуры староверов является песенно-хореографическая традиция, представленная крутухами, крутушками, крутелями и хороводами. Вопрос жанрово-функциональной принадлежности песенно-хореографических узоров вызывает некоторые сложности, обусловленные этнокультурной ситуацией северо-западной Витебщины, а также комбинированной природой явления: охвата как хореографической, так и вокальной сферы. По аутенчитной терминологии, один и тот же напев может иметь разную как жанровую атрибуцию, так и сезонно-функциональную приуроченность.

Вариативность жанрового определения этнофорами хорошо иллюстрируют комментарии исполнителей к крутухе «Не будите молодую» (№№ 20–24): «крутуха», «крутушка», «круцель», «хараводная». Хороводы «Вот мы сейілі лянок» (№ 6), «Вот мы просу сейілі» (№ 8), «Ходзіт-едзіт Фалімон» (№ 10), по свидетельству некоторых исполнителей, приурочены к Рождеству, а хоровод «Вутка шла па бережку» (№ 13) — к Пасхе.

Вместе с тем при исполнении данных хороводов другими певицами (№№ 7, 9, 11, 14) комментариев относительно их строгой сезонной приуроченности не отмечалось.

Обращают на себя внимание аутентичные термины «далявая крутуха» (№ 19) и «крутуха-карагод» (№ 17), поскольку вызывают некоторые сомнения. Во-первых, подле экспедиционных наблюдений, в терминологии староверов «далявая» – это протяжная песня: *«Ну, вот эта далявые ў расцяжкі <…> расцянут эту далявуху, што ў такт лодкі качаецца»*,[12] *« Скажыце, а ці можыць быць крутуха далявой? Ня можыт, далявые — эта ж другое саўсем, яны длінныя, медленныя»*[13]. Это подтверждает и исследовательница фольклора старообрядцев Латгалии Т. С. Макашина: «Что касается лирических протяжных, так называемых долевых или сидячих, то в основном это песни позднего, часто литературного происхождения…»[14]

М. С. Атрахимович, от которой была записана «долевая крутуха» (№ 19), не является

---

[12] Зап. В. Е. Овсейчик, О. В. Барышникова 26.12.2021 г. в г. Браславе от Кириакии Константиновны Лавреновой (Ивановой), 1933–2023 гг. (род. в д. Самуйлы Браславского р-на), староверского вероисповедания. (Личный архив О. В. Барышниковой).

[13] Зап. О. В. Барышникова, Е. А. Коробович, П. М. Цалко 12.07.2021 г. в д. Кукляны Поставского р-на от Елены Ефимовны Ясинской, 1938–2023 гг., староверского вероисповедания. (Личный архив О. В. Барышниковой).

[14] Макашина, Т. С. Фольклор и обряды русского населения Латгалии. — М. : Наука, 1979. — 109 с.

старообрядкой и для неё данный репертуар - заимствованный от староверов д. Королево Шарковщинского района. Позволим себе высказать мнение, что термин «долевая» на основе образца №19 ошибочно вошел в словарь научной и народной терминологии «Восточнославянский фольклор»[15].

Что касается термина «крутуха-карагод» (№ 17), то он также выглядит спорным, поскольку понятия крутуха и карагод старообрядцы для себя выразительно разделяют. Как и в случае с термином «долевая крутуха», «крутуха-карагод» также была записана не от представительницы старообрядческого вероисповедания. В начале записи № 17 можно услышать, как Л. М. Соловей просит пропеть «*крутуху*, якую спявалі на Цярэшцы ці на танцах», однако исполнительница в первую очередь говорит: «*Дык і на танцах, і на Цярэшцы ўсюды танцывалі тад[ы] і танцывалі карагод*», после чего исследователь уточняет жанровую принадлежность: «*Карагод?*» — и получает ответ: «*Ага, крутуха-карагод эта называлісь*»[16].

Подобная ситуация произошла во время записи Н. А. Козенко Г. Г. Фоминой[17]. После исполнения крутухи «Заинька серай» Галина Григорьевна добавляет: «*эта ж крутуха*», но исследователь делает вывод: «*Так, значыць гэта карагод-крутуха*».

Как видим, важную роль при определении жанровой дифференциации крутух и хороводов играет личность собирателя. Поскольку народные исполнители имеют собственное определение жанра, исследователю важно во время записи не предлагать свою собственную «научную» классификацию, которая может непосредственным образом повлиять на певца.

Музыкально-стилистический анализ песенно-хореографических образцов позволил выявить комплекс устойчивых характеристик, характерных для крутух: двухчастная строфическая форма, развёрнутые песенно-поэтические тексты, контрастное строение музыкально-ритмической формы (наличие в части В более мелкого ритмического рисунка), достаточно быстрый темп исполнения. Ладоинтонационный комплекс большинства крутух представлен диатоническим пентахордом квинтового амбитуса (в некоторых случаях с захватом субтонов).

Лирические песни

Условно-приуроченные и неприуроченные песенные образцы №№ 41–45

Песня «Серые гусі маі» (№ 41) — одна из самых ранних аудиофксаций, вошедших в издание (записана от С. Т. Клачонок в 1971 году). Комментирует аудиозапись полевой дневник Л. М. Соловей (фото 21), в котором

---

[15] Соловей, Л. М. Крутуха далявая / Л. М. Соловей // Восточнославянский фольклор : словарь научной и народной терминологии / Академия наук Беларуси ; редкол. : Г. А. Барташевич. — Минск : Навука і тэхніка, 1993. — С. 215–216.
[16] Записала Л. М. Соловей в д. Великая Ковалевщина Мёрскога р-на от Любови Петровны Козел и Надежды Викторовны Шук (год рождения и вероисповедание информаторов не отмечены). (АИИЭФ НАНБ, ф. 20, оп. 88, с. 9).
[17] Записал Н. А. Козенко в 1998 г. в д. Ковшелево Шарковщинского р-на от Фоминой Галины Григорьевны, 1937 г. р. (род. в д. Барсучино Шарковинского р-на), староверского вероисповедания. (Личный архив Н. А. Козенко).

есть наблюдения относительно репертуара и манеры пения старообрядцев, а также сведения о возрасте певицы: «80 лет, может и больше»[18]. Отсюда следует, что С. Т. Клачонок родилась в 1890-х годах, что, безусловно, делает ее старейшей певицей, голос которой можно услышать в этой коллекции.

Л. М. Соловей комментирует этот образец как «свадебная, как молодуху везут домой к молодому». Вариант этой песни был записан С. А. Олёнкиным у старообрядцев Латвии в качестве лирической необрядовой песни[19].

Обычно приуроченные к свадьбе лирические протяжные песни любовной тематики встречаются в музыкальном фольклоре староверов Латвии, Литвы, Польши, Беларуси. Это обусловлено достаточно поздним формированием собственно свадебного обряда у староверов-беспоповцев, которые долгое время не признавали обряда венчания. Широко распространена среди старообрядцев была традиция кражи невест («брак уводом»[20]) во время ярмарок:

«*На масленіцу мы нічога такога не робілі, гэта маскоўскі такі празнік: маскалі дзевак кралі, вот яны і ўстрайвалі, а мы да гэтага ні касалiся*»[21], «*Бывает, што і парень девочку украдёт*»[22].

Такие браки не сопровождались специальным свадебным обрядом, однако существовала традиция приезда молодоженов после недели совместной жизни к родителям невесты. Этот обычай назывался «на хлебины»:

— *Я ўжо выхадзіла замуж на хлебіны, я без свядзьбы.*

— *А што такое на хлебіны?*

— *Ну... нядзелю атжыўшы. Ён мяне сам прывёл ціхонька.*

— *А так можна была раньшэ?*

— *Проста пашла і всё*.[23]

Необрядовый репертуар в сборнике представлен наиболее распространенными в среде староверов образцами поздней лирики: песней «Не садзісь, пташка, на ветку» (№ 42) и романсом «Чудный месяц» (№ 43). Завершают издание примеры сольного мужского пения в исполнении Е. Н. Никитина: солдатская песня времён Второй мировой войны «Кагда я мальчыкам радзілся» (№ 44) и шуточная песня «Как я была мала-мала» (№ 45).

---

[18] Экспедиционная тетрадь Л. М. Соловей и П. И Карузо (АИИЭФ, ф. 8, оп. 2, д. 39, т. 2, с. 75).
[19] Оленкин, С. А. Русский и белорусский фольклор в Латвии на рубеже тысячелетий // С. А. Оленкин. — Кн. 1 : Песни, причеты и духовные стихи, записанные у русских староверов Латгалии, латгальских белорусов, русских православных жителей псковско-латвийского пограничья. — 2017. — С. 33.
[20] Філіпенка, У. С. Вясельная абраднасць стараверў-беспапоўцаў Беларусі (па этнаграфічных матэрыялах апошняй чвэрці XIX стагоддзя) / У. С. Філіпенка // Старообрядчество как историко-культурный феномен : материалы междунар. науч.-практ. конф. — Гомель : ГГУ, 2003. — С. 284.
[21] Фальклор Міёршчыны: Каляндар. святоч.-абрадавыя традыцыі Міёр. р-на Віцеб. вобл. / Літ. апрац. В. І. Басько. — Мінск : БелДІПК, 2002. — С. 17.
[22] Фальклор Міёршчыны: Каляндар. святоч.-абрадавыя традыцыі Міёр. р-на Віцеб. вобл. / Літ. апрац. В. І. Басько. — Мінск : БелДІПК, 2002. — С. 18.
[23] Зап. О. В. Барышниковой и П. М. Цалко в 2021 г. в д. Нивники Мёрского района от Никитиной Зинаиды Тимофеевны, 1940 г. р., староверского вероисповедания. (Личный архив О. В. Барышниковой).

Old Believers' Musical Folklore

This book, *They Sang Like That in Olden Days: Old Believers' Musical Folklore of Northwestern Belarus*, celebrates the village singers of the Old Believer communities in the western Padźvińnie[1] region of Belarus. Over centuries, these communities have preserved their rich cultural heritage, including ancient songs that are now rapidly disappearing as their elderly tradition bearers pass away.

The *staraviery*[2] (Old Believers, Old Ritualists) of northwestern Belarus are descendants of settlers who fled persecution for their faith following the 17th-century church reforms in Russia. For more than three hundred years, they lived alongside local Belarusians, who continue to refer to them as *Maskali*, that is, Muscovites —a term rooted in their origin.[3]

The Old Believers' insular lifestyle enabled them to maintain their distinct culture. However, historical and social changes during the latter half of the 20th century, such as Soviet collectivization, profoundly impacted their way of life. They relocated from isolated farms to larger villages, often shared with people of various Christian and non-Christian faith affiliations. They joined collective farms (*kolkhoz*), participated in communal agricultural rituals, evening dances, *dnioŭki*[4], and, crucially, began entering mixed marriages. These changes led to cultural exchanges with the local population, influencing the Old Believers' ethnic musical traditions. Today, these traditions represent a unique blend of indigenous and acquired elements.

Unlike in the Baltic states and Poland, scholarly research on the musical folklore of Old Believers in northwestern Belarus began relatively late. During fieldwork conducted between 2018 and 2022, the author observed a near-total absence of performers capable of reproducing song texts or demonstrating choreographic elements. Instead, Old Believers mostly retained memories of songs, their performance contexts, and seasonal

---

[1] The territory of the western Dźvina-river region encompasses the modern administrative and territorial boundaries of the Brasłaŭ, Hłybokaje, Miory, Pastavy, and Šarkaŭščyna districts of the Viciebsk vobłaść and is the place of compact settlement for the *staraviery-biespapoŭcy* (priestless Old Believers).

[2] The traditional Belarusian Latin alphabet (łacinka) is used for Belarusian names, terminology, and quotes in this article.

[3] Аўсейчык, У. Вобраз старавераў у фальклорнай традыцыі беларусаў Падзвіння (па матэрыялах XIX – пачатку XXI ст.) / У. Аўсейчык // Беларускі фальклор : матэрыялы і даследаванні : зб. навук. пр. – Мінск : Беларус. навука, 2022. — Вып. 9. — С. 83.

[4] *Dnioŭki* — festive gatherings of young people, timed to coincide with patronal feasts. Many informants associate the term *dnioŭka* with dances that took place during the day, rather than in the evening, as was usually the custom.

associations. This necessitated searching archives in Belarus, Lithuania, and Latvia for audio recordings of Old Believer musical folklore.

As a result, the collection includes expedition materials from numerous researchers, such as U. Aŭsiejčyk, V. Baryshnikava, T. Varfałamiejeva, T. Kanstancinava, M. Kozenka, I. Nazina, Y. Novikov, V. Prybylova, L. Sałaviej, V. Čekmonas, and V. Yalataŭ, housed in state archives (the Archive of the Institute of Arts, Ethnography, and Folklore of the National Academy of Sciences of Belarus; the Phonoarchive of Ethnomusicology at the Belarusian State Academy of Music; and the Dialect Archive of the Geolinguistics Center of the Lithuanian Language Institute) and private collections (personal archives of V. Baryshnikava, T. Varfałamiejeva, M. Kozenka, and U. Krumin). The geographic origins of the recordings are represented on Map 1.

The collection *They Sang Like That in Olden Days: Old Believers' Musical Folklore of Northwestern Belarus* presents examples of calendrical ritual, quasi-seasonal, and non-seasonal song traditions. It includes musical and textual transcriptions of forty-five songs, as well as archival and expedition photographs. Audio recordings of the songs are available online at **ethnoby.org/staraviery/piesni**.

Calendar Songs
nos. 1–5

The calendrical ritual folklore in this publication is exemplified by processional congratulatory *vałačobnyja* melodies. While most song examples (except no. 3) were recorded from women, *vałačobnyja* groups traditionally comprised men. These men, known as *christosniki* (a term prevalent in the Miory and Šarkaŭščyna areas) or *łałoŭniki, vałoŭniki, vałynščyki* and *vałonščyki* (common in the Belarusian-Lithuanian borderlands), would process through villages on the first day of *Paska*[5].

"Long ago, the men would gather on Paska and head out to the houses. One, who knew the songs, would start singing. They'd come up to the window and begin to sing. And behind him stood a crowd! Further back, there was a basket and that 'drystun'[6] who collected the eggs.

So they'd gather, offer their greetings, and sing 'Good evening, young lady'. And from behind, they'd respond: 'Christ is risen, Son of God!' And at the very end: 'The rain is drizzling — time to give gifts.' They accepted everything: vodka, eggs, even bread"[7].

Some *vałačobnyja* song texts reflect the roles of participants in these groups:

---

[5] *Paska* — Easter.
[6] *Drystun, siarun* — the name of a participant in the caroling group who carried a bag with gifts from the hosts.
[7] Recorded by V. Baryshnikava in 2018 in the village of Karaleva, Šarkaŭščyna district, from Vasili Anańjevič Fiodaraŭ, born in 1944, of Old Believer faith (Personal archive of V. Baryshnikava).

> *For the lead singer — a bottle,*
> *For my brothers — a coin each,*
> *And for the 'drystun'— just one egg.*[8]

In the western Padźvińnie region, several typological groups of *vałačobnyja* melodies coexisted. However, this collection includes only the most widespread song-melodic type (Type IV, according to Z. Mažejka[9]) among Old Believers. These melodies have an AR poetic form, an *ab* musical structure, a 4+4 syllabic pattern, the rhythmic structure of the stanzas ♪♪♪:♪♪♪, and refrains — ♪♪♪:♪♪♪ (*'Christ is risen, Son of God'* (nos. 1, 3, 4) and *'Sing, brothers, sing'* (nos. 2, 5)).

The melodic-intonational structure of part A in the melostanza is a pentachord within a fifth ambitus (extending to a sixth in no. 3). The melody features a leap to a fourth, followed by a gradual descent to the tonic. Part B (refrain) is a tetrachord within a fourth ambitus, characterized by subsecond or subfourth. The refrain's melodic line typically includes leaps of a sixth or a fourth. All examples conclude on the second scale degree, creating a sense of an "endless melodic loop" (Mažejka) and an incomplete musical form.

Ethnographic research[10] revealed that this melody type is locally referred to as *Moskovskij Christos* ('Moscow Christ')[11]. According to Lithuanian folklorist Y. Novikov, dialectal analysis of *vałačobnyja* texts suggests these songs were part of Old Believers' repertoire prior to migration. He explained this by pointing out that "the historical homeland of the first-wave Old Believers who settled in Latgale, northeastern Lithuania, and northwestern Belarus, was the southern areas of the vast zone of Pskov dialects"[12].

Belarusian ethnomusicologist T. Kanstancinava mapped *vałačobnyja* melodies, identifying their distribution across northern Belarus and neighboring regions (Map 2)[13]. Type IV melodies were documented in Old Believer settlements in Belarus and the southern Pskov oblast of Russia. This suggests that this melodic type migrated westward to Belarusian Padźvińnie with Old Believer communities.

---

[8] Recorded by T. Varfałamiejeva in 1997 in the village of Pjeŭcy, Brasłaŭ district, from Fiacinija Ivanaŭna Smysłova, born in 1921, of Old Believer faith (Personal archive of T. Varfałamiejeva).

[9] Можейко, З. Я. Календарно-песенная культура Белоруссии: опыт систем.-типол. исслед. — Минск : Наука и техника, 1985. — С. 96.

[10] The expedition to the Miory district in 2009 was carried out by students and faculty of the Belarusian State Academy of Music, the Jāzeps Vītols Latvian Academy of Music, and staff members of the National Academy of Sciences of Belarus.

[11] Канстанцінава, Т. Л. З экспедыцыйных назіранняў над сучаснымі песенна-абрадавымі практыкамі каляндарна-земляробчага і сямейна-радавога цыклаў Міёршчыны / Т. Л. Канстанцінава, Т. Л. Бярковіч // Весці Беларускай дзяржаўнай акадэміі музыкі : навук.-тэатр. часопіс. — 2011. — № 18. — С. 6.

[12] Фольклор старообрядцев Литвы : тексты и исследование : в 3 т. Т. 3 : Народные песни. Частушки. Детский фольклор / издание подготовил Юрий Новиков при участии музыкологов Юрия Марченко, Ирены и Николая Захаровых. — Вильнюс : Издательство Вильнюсского педагогического университета, 2010. — С. 444.

[13] Валачобныя музычна-абрадавыя традыцыі беларусаў [Электронны рэсурс] / склад. Т. Канстанцінава. — Мінск : Беларус. дзярж. акадэмія музыкі, 2018. — 2 электрон. апт. дыскі (CD-ROM) : гуч., брашура (с. 17). — (Аўдыяатлас традыцыйнай музычнай культуры Беларусі : вып. 10).

Song and Dance Traditions

nos. 6–40

A distinctive feature of the Old Believers' ethnomusical culture is their song and dance tradition, represented by by *krutuchi, krutuški, kruciali* ("spinning" dances), and *karahody* (round dances). The issue of the genre-functional classification of these song and dance examples presents certain challenges, influenced by the ethnocultural situation of northwestern Viciebsk voblaść and the combined nature of the phenomenon, which encompasses both choreographic and vocal aspects. According to authentic terminology, the same melody may have different genre attributions as well as seasonal-functional associations.

The variability of genre definitions among ethnophorists is well illustrated by the performers' comments on the *krutucha 'Nie budzicie maładuju'* (nos. 20–24): *krutucha, krutuška, kruciel, charovodnaja*. The round dances *'Vot my sejili lanok'* (no. 6), *'Vot my prosu sejili'* (no. 8), and *'Chodzić-edzić Falimon'* (no. 10) are, according to some performers, associated with Christmas, while the round dance *'Vutka šła pa berežku'* (no. 13) is linked to Easter. At the same time, when these round dances were performed by other singers (nos. 7, 9, 11, 14), there were no comments indicating strict seasonal association.

Of particular interest are the authentic terms *dalavaja krutucha* (no. 19) and *krutucha-karahod* (no. 17), as they raise some doubts.

Firstly, according to field observations, among the Old Believers, *dalavaja* refers to a *praciažnaja* (long) song: *"Well, these are dalavye in stretches <...> they stretch out this dalavucha, swaying in time with the boat,"*[14] *"Tell me, can a krutucha be dalavaja? It can't be, dalavye are something completely different, they are long and slow."*[15]

This is confirmed by the researcher of Old Believer folklore in Latgale, T. Makashina: "As for lyrical long songs, also called *dalavaja* or *sidiaščaja* (sitting) songs, these are mainly of later, often literary origin..."[16]

M. Atrachimovič, from whom the *dalavaja krutucha* (no. 19) was recorded, is not an Old Believer herself, and her repertoire was borrowed from the Old Believers of the village of Karaleva in the Šarkaŭščyna district.

This suggests that the term *dalavaja*, as applied to example no. 19, may have been erroneously incorporated into the lexicon of scholarly and folk terminology *East Slavic Folklore*.[17]

The term *krutucha-karahod* (no. 17) also appears controversial, as the Old Believers

---

[14] Recorded by U. Aŭsiejčyk and V. Baryshnikava on December 26, 2021, in the town of Braslaŭ from Kiryjakija Kanstancinaŭna Laŭrenava (Ivanova), 1933–2023 (born in the village of Samujły, Brasłaŭ district), of the Old Believer faith. (Personal archive of V. Baryshnikava).

[15] Recorded by V. Baryshnikava, A. Karabovič, and P. Całka on July 12, 2021, in the village of Kukliany, Pastavy district, from Alena Jafimaŭna Jasinskaja (1938–2023), of the Old Believer faith. (Personal archive of V. Baryshnikava).

[16] Макашина, Т. С. Фольклор и обряды русского населения Латгалии. — М. : Наука, 1979. — 109 с.

[17] Соловей, Л. М. Крутуха далявая / Л. М. Соловей // Восточнославянский фольклор : словарь научной и народной терминологии / Академия наук Беларуси ; редкол. : Г. А. Барташевич. — Минск : Навука і тэхніка, 1993. — С. 215–216.

clearly differentiate between the concepts of *krutucha* and *karahod*. Similar to the case of *dalavaja krutucha*, *krutucha-karahod* was recorded from a performer who did not belong to the Old Believer faith.

At the beginning of recording no. 17, L. Sałaviej can be heard asking for a *krutucha* that was sung at *Ciareška* (a wedding game played during Christmas period) or during dances. However, the performer first responds: *"Well, at dances and at Ciareška, everywhere they danced then, and they danced **karahod**"*. The researcher then clarifies the genre attribution: *"Karahod?"*—to which the performer replies: *"Aha, **krutucha-karahod** was what they called it."*[18]

A similar situation occurred when M. Kozenka recorded H. Famina[19]. After performing the *krutucha 'Zainka sieraj'* (no. 28), Halina Ryhoraŭna adds: *"This is a **krutucha**"*, but the researcher concludes: *"So, this means it is a **karahod-krutucha**."*

As we can see, the role of the collector is crucial in determining the genre differentiation between *krutucha* and *karahod*. Since folk performers have their own understanding of genre, it is important for the researcher not to impose a "scholarly" classification during recording, as this can directly influence the singer's perception.

A musical and stylistic analysis of the song and dance samples has revealed a set of stable characteristics typical of *krutucha*: a two-part strophic form, extensive song-poetic texts, a contrasting musical-rhythmic structure (with part B featuring a denser rhythmic pattern), and a fairly fast tempo. The mode-intonation structure of most *krutuchas* is represented by a diatonic pentachord with a fifth-range ambitus (in some cases, including subtonic tones).

Lyric Songs

nos. 41–45

The song '*Sieryje husi mai*' (no. 41) is one of the earliest audio recordings included in this publication. It was recorded from S. Klačonak in 1971. In a field diary (Photo 21), L. Sałaviej commented on the recording, noting details about the repertoire, singing style, and the performer's age: "80 years, maybe more".[20] This indicates that S. Klačonak was born in the 1890s, making her the oldest singer featured in the collection.

L. Sałaviej described this example as "a wedding song sung when the young bride is being taken to her new home." A variant of this song was recorded by S. Olenkin among

---

[18] Recorded by L. M. Sałaviej in the village of Vialikaja Kavaleŭščyna, Miory district, from Luboŭ Piatroŭna Kozeł and Nadzeja Viktaraŭna Šuk (year of birth and religious affiliation of the informants not specified). AIMEF NASB, f. 20, inv. 88, p. 9.

[19] Recorded by M. A. Kozenka in 1998 in the village of Kaŭšeleva, Šarkaŭščyna district, from Halina Ryhoraŭna Famina, born in 1937 in the village of Barsučyna, Šarkaŭščyna district, of the Old Believer faith. (Personal archive of M. A. Kozenka).

[20] Expedition notebook of L. M. Sałaviej and P. I. Karuza (AIMEF, f. 8, inv. 2, file 39, notebook 2, p. 75).

Old Believers in Latvia as a lyrical non-ritual song[21]. Wedding-related lyrical long songs (*praciažnaja*) with love themes are a common element in Old Believer musical folklore across Latvia, Lithuania, Poland, and Belarus. This reflects the relatively late development of wedding rituals among the *Biespapoŭcy* — priestless Old Believers — who historically did not recognize formal wedding ceremonies.

The tradition of bride abduction ('marriage by elopement'[22]) during fairs was widespread among Old Believers:

"During Maslenitsa (Shrovetide), we didn't do anything special. It's a Moscow holiday: Maskali would steal girls — it was their way — but we did not follow that."[23] "Sometimes, a guy would steal a girl too."[24]

Such marriages did not involve a traditional wedding ceremony. Instead, a custom called '*na chlebiny*' was practiced, where the couple visited the bride's parents after cohabiting for a week:

— I already got married na chlebiny, without a wedding.
— And what does 'na chlebiny' mean?
— Well... after living together for a week, he quietly brought me.
— Was that allowed back then?
— I just went, and that was it.[25]

The non-ritual repertoire in the collection includes well-known examples of late lyrical songs, such as '*Nie sadziś, ptaška, na vietku*' (no. 42) and the romance '*Čudnyj miesiac*' (no. 43). The publication concludes with examples of solo male singing performed by Y. Nikitin, including the World War II soldier's song '*Kahda ja malchykam radziłsia*' (no. 44) and the humorous song '*Kak ja była mała-mała*' (no. 45).

---

[21] Оленкин, С. А. Русский и белорусский фольклор в Латвии на рубеже тысячелетий // С. А. Оленкин. — Кн. 1 : Песни, причеты и духовные стихи, записанные у русских староверов Латгалии, латгальских белорусов, русских православных жителей псковско-латвийского пограничья. — 2017. — С. 33.

[22] Філіпенка, У. С. Вясельная абраднасць стараверў-беспапоўцаў Беларусі (па этнаграфічных матэрыялах апошняй чвэрці XIX стагоддзя) / У. С. Філіпенка // Старообрядчество как историко-культурный феномен : материалы международ. науч.-практ. конф. — Гомель : ГГУ, 2003. — С. 284.

[23] Фальклор Міёршчыны: Каляндар. святоч.-абрадавыя традыцыі Міёр. р-на Віцеб. вобл. / Літ. апрац. В. І. Басько. — Мінск : БелДІПК, 2002. — С. 17.

[24] Ibid. - P. 18

[25] Recorded by V. Baryshnikava and P. Całka in 2021 in the village of Niŭniki, Miory district, from Zinaida Cimafiejeŭna Nikicina, born in 1940, of the Old Believer faith. (Personal archive of V. Baryshnikava).

Фота 26. Вольга Барышнікава (Фёдарава) разам з дзядулем Васілём Ананьевічам Фёдаравым (1944–2019 гг.), в. Каралева Шаркаўшчынскага раёна, 2018 г. Фота М. Цітова.

— Дзед, ты прасці, канешна, алі я ішчо пра старавераў пару вапросікаў задаць хачу.
— Оля! Ну пачытай ты пра іх кнігі, ну пасматры ты па цілівізары. Я ж маладой маскаль, нічаво я не знаю!
— Дзед, заданне ў мяне такое: іменна ў свайго дзеда спрасіць. Ты ў хрыстосніках хадзіўшы, многа знаіш. Я ж па вучобе пытаюся!
— Оля, я не панімаю тады, што за ўчыцялі такія ў тваей кансерваторыі. Ім толькі шуткі-прыбаўткі, празнікі ды гулянні старынныя нада? Чаму яны цібя там вучат? Ты там музыку хоць какую-нібудзь ізучаеш?
— Дзеда, дык гэта ж і ёсць самая настаяшчая музыка!

www.ingramcontent.com/pod-product-compliance
Lightning Source LLC
Chambersburg PA
CBHW041125070526
44584CB00003B/284